高校智慧图书馆建设及服务深化研究

许 慧 梅振荣 范睿琦 ◎著

中国戏剧出版社
CHINA THEATRE PRESS

图书在版编目（CIP）数据

高校智慧图书馆建设及服务深化研究 / 许慧，梅振荣，范睿琦著. -- 北京：中国戏剧出版社，2023.8
ISBN 978-7-104-05396-5

Ⅰ. ①高… Ⅱ. ①许… ②梅… ③范… Ⅲ. ①院校图书馆—图书馆服务—研究 Ⅳ. ① G258.6

中国国家版本馆 CIP 数据核字（2023）第 169933 号

高校智慧图书馆建设及服务深化研究

责任编辑： 肖　楠
项目统筹： 康祎宁
责任印制： 冯志强

出版发行：中国戏剧出版社
出 版 人：樊国宾
社　　址：北京市西城区天宁寺前街 2 号国家音乐产业基地 L 座
邮　　编：100055
网　　址：www.theatrebook.cn
电　　话：010-63385980（总编室）　　010-63381560（发行部）
传　　真：010-63381560

读者服务：010-63381560
邮购地址：北京市西城区天宁寺前街 2 号国家音乐产业基地 L 座

印　　刷：天津和萱印刷有限公司
开　　本：787mm×1092mm　1/16
印　　张：12
字　　数：216 千字
版　　次：2023 年 8 月　北京第 1 版第 1 次印刷
书　　号：ISBN 978-7-104-05396-5
定　　价：72.00 元

版权专有，违者必究；如有质量问题，请与出版社联系调换。

前 言

当前社会正处于信息高速发展的时代,而信息时代的高级阶段就是智慧时代。而在高校中与此相对应的是中国高校的图书馆建设在经过时代的发展与变革之后,开始向智慧时代的方向变革,但是目前正处于初级发展的阶段。从综合与整体的角度来看,我国高校的图书馆建设目前正处于数字化时代,而且具备形成智慧图书馆的发展态势,所以我国如何将数字图书馆完美地过渡为智慧图书馆,是当今时代图书馆发展的重要研究课题。在建设智慧图书馆时,对图书馆的服务进行优化与创新是其中的一项重要内容,也是高校图书馆实现功能创新与转型超越的关键。但是当前与高校图书馆的智慧时代建设以及创新服务相关的学术成果还较少,而且相关的参考资料也十分有限。作为高校的图书专门机构,高校图书馆不仅需要搜集、整理相关的图书资料,还需要有序、有效地将这些资源提供给相应的人群。

除此之外,高校的图书馆建设也是高校的文化建设中一个重要的组成部分,具有文化传播、提升大学生综合素质的重要作用。具体来说,在高校的图书馆中,有着丰富的馆藏资源,这些馆藏资源对人类的文化传播有着不可估量的作用;另外,在高校中,图书馆可以成为学校的文化活动中心,并依托其进行读书会、名家讲座、书画展览等方面的活动,从而提升学生的文化素养,甚至还可以打造学校的校园文化品牌,提高图书馆的文化品位。通过对高校智慧图书馆建设的研究,高校图书馆正在逐步探索用户服务的新方法与新形式,从而建设出系统完善、用户多元的图书馆服务体系。

本书共分八章。第一章为高校智慧图书馆综述,主要对高校智慧图书馆的起源与概念界定、高校智慧图书馆的功能、高校智慧图书馆的特征及高校智慧图书馆的构成要素进行详细的论述;第二章为高校智慧图书馆建设,主要是对高校智慧图书馆的架构与运行、高校智慧图书馆建设的关键技术、高校智慧图书馆建设的原则与内容、高校智慧图书馆建设的问题与对策这四个方面进行详细的论述;

第三章为高校智慧图书馆服务体系建设，主要是从高校智慧图书馆服务体系的内涵、高校智慧图书馆服务体系的基本构成及高校智慧图书馆服务体系建设的路径研究这三个方面进行详细的论述；第四章为高校智慧图书馆信息资源服务，阐述了高校智慧图书馆信息资源的主要类型、高校智慧图书馆资源建设的优化策略及高校智慧图书馆信息资源服务平台构建；第五章为高校智慧图书馆学科服务，主要是对高校智慧图书馆学科服务的产生与发展、基于服务创新的学科服务体系构建及高校智慧图书馆学科服务发展趋势三方面的内容进行详细的论述；第六章为高校智慧图书馆阅读推广服务，主要对高校智慧图书馆阅读推广服务释义、高校智慧图书馆阅读推广服务模式研究及高校智慧图书馆阅读推广的实践探索这三个方面的内容进行详细的阐述；第七章为高校智慧图书馆用户体验服务，主要论述了高校智慧图书馆用户体验概述、高校智慧图书馆用户服务质量评价、高校智慧图书馆用户服务质量提升研究三方面的内容；第八章为结论与展望，包括高校智慧图书馆发展前景及未来高校图书馆模式。

在撰写本书的过程中，许慧负责 11.6 万字，梅振荣负责 5.5 万字，范睿琦负责 4.5 万字。作者得到了许多专家学者的帮助和指导，参考了大量的学术文献，在此表示真诚的感谢！

限于作者水平不足，加之时间仓促，本书难免存在一些疏漏，在此，恳请同行专家和读者朋友批评指正！

作者

2022 年 8 月

目 录

前言 1

第一章　高校智慧图书馆综述 1
第一节　高校智慧图书馆的起源与概念界定 1
第二节　高校智慧图书馆的功能 6
第三节　高校智慧图书馆的特征 10
第四节　高校智慧图书馆的构成要素 14

第二章　高校智慧图书馆建设 19
第一节　高校智慧图书馆的架构与运行 19
第二节　高校智慧图书馆建设的关键技术 26
第三节　高校智慧图书馆建设的原则与内容 35
第四节　高校智慧图书馆建设的问题与对策 41

第三章　高校智慧图书馆服务体系建设 44
第一节　高校智慧图书馆服务体系的内涵 44
第二节　高校智慧图书馆服务体系的基本构成 51
第三节　高校智慧图书馆服务体系建设的路径研究 56

第四章　高校智慧图书馆信息资源服务 65
第一节　高校智慧图书馆信息资源的主要类型 65
第二节　高校智慧图书馆资源建设的优化策略 81
第三节　高校智慧图书馆信息资源服务平台构建 90

第五章　高校智慧图书馆学科服务 … 95
第一节　高校智慧图书馆学科服务的产生与发展 … 95
第二节　基于服务创新的学科服务体系构建 … 106
第三节　高校智慧图书馆学科服务发展趋势 … 116

第六章　高校智慧图书馆阅读推广服务 … 118
第一节　高校智慧图书馆阅读推广服务释义 … 118
第二节　高校智慧图书馆阅读推广服务模式研究 … 131
第三节　高校智慧图书馆阅读推广的实践探索 … 135

第七章　高校智慧图书馆用户体验服务 … 138
第一节　高校智慧图书馆用户体验概述 … 138
第二节　高校智慧图书馆用户服务质量评价 … 142
第三节　高校智慧图书馆用户服务质量提升研究 … 155

第八章　结论与展望 … 179
第一节　高校智慧图书馆发展前景 … 179
第二节　未来高校图书馆模式 … 181

参考文献 … 185

第一章 高校智慧图书馆综述

网络时代的来临，使高校图书馆在结构、内容和馆藏方式等方面产生了深刻的变革。本章将从高校智慧图书馆的起源与概念界定、高校智慧图书馆的功能、高校智慧图书馆的特征以及高校智慧图书馆的构成要素这四个方面对高校智慧图书馆进行综合的阐述。

第一节 高校智慧图书馆的起源与概念界定

一、高校智慧图书馆的起源

智慧图书馆的理论与实践起源于国外。最先将智慧图书馆应用到实践中的是一个名为"Smart Library"（智慧图书馆）的图书馆联盟，其于2001年前后在加拿大渥太华成立。2001年10月，全球第一个"智慧图书馆网络"诞生，由澳大利亚昆士兰州立图书馆建立，旨在通过智慧图书馆的建设，将物理空间与虚拟空间结合起来。新加坡图书馆于2002年开始使用无线射频识别（Radio Frequency Identification，简称射频识别）技术，是当时全球第一个使用这项技术的图书馆。2004年，北美地区就有超过130家图书馆使用射频识别技术。可见智慧图书馆在国外的发展速度非常快，已经得到了广泛的关注。

智慧图书馆的理论研究与实践相比稍显滞后。"智慧图书馆"的概念最早由芬兰奥卢大学图书馆的艾拓拉（Aittola）在《智慧图书馆：基于位置感知的移动图书馆服务》这篇论文中提出。其中对智慧图书馆这项技术进行了详细地阐述，具体来说就是借助新技术，如射频识别技术、计算机网络技术和人工智能技术等，将传统的图书馆服务智慧化，成为不受时空限制、容易被感知的移动图书馆服务。2004年，拥有技术背景的麦克米伦出版有限公司指出智慧图书馆服务系统将软件质量工程和科学计算等技术应用到图书馆服务系统中，从而降低了图书馆出错的概率，提升了他们的辨别及纠错能力。2004—2008 年，国外关于智慧图书馆的理论探讨并不多，直到 IBM 于 2008 年 11 月发表了"智慧地球"的演讲，人们才开始对"智慧"这个概念投入广泛的关注。随后，2009 年美国的学者在第八届人工智能、知识工程和数据库国际会议上发表了题为《智慧图书馆：射频识别在图书馆中的应用》的报告，认为射频识别技术将给图书馆服务带来巨大改变，让图书馆变得更智慧。

随着人们对智慧地球建设的重视，"智慧"一词已经深入各个领域，如智慧城市建设等。智慧城市又涵盖了智慧医疗、智慧交通等生活当中的各个方面，由此可知，建设智慧图书馆是建设智慧城市的重要组成部分，也是技术驱动发展的必然结果，已经得到了社会各界的普遍认可与支持。

二、国内关于高校智慧图书馆定义的主要观点

在还没有智慧图书馆这个概念的时候，国内就已经有相关学者对智慧图书馆的内容进行了研究。比如，林文睿是我国研究智慧图书馆的先驱者，早在 20 世纪末期就已经对智慧图书馆的概念与实践进行了详细的阐述。我国最早对智慧图书馆进行研究的学者，于 2000 年 6 月提出：智能图书馆是将智能技术应用在图书馆建筑中的产物，也是图书馆建筑与数字图书馆相结合的产物。持有类似观点的还有陈鸿鹄，其于 2006 年在《智能图书馆设计思想及结构初探》一文中认为智慧图书馆就是智能建筑与数字图书馆的结合[①]，换句话说就是智能现代化的建筑。这些研究基本上将智能图书馆理解为在传统图书馆的基础上应用智能技术的智能建筑。这种表述认识到智能技术对图书馆的驱动作用，并能不断推动图书馆向前发展，但该表述由于受到时代的局限，仅从图书馆智能建筑的角度进行论述，尚未涉及图书馆服务，也未提到智慧化图书馆建设。

对于智慧图书馆的建设与发展，我国有很多的专家与学者对其进行了研究，而且还对这一概念提出了自己的见解。这些学者认为智慧图书馆只是数字图书馆的延伸，运用当前现有的信息、物联网等技术，让高素质的图书馆管理员进行操

---

① 陈鸿鹄:《智能图书馆设计思想及结构初探》,《现代情报》2006 年第 1 期, 第 116-118 页。

作,从而为读者提供创新的、智慧化的服务。当前在我国虽然有很多关于智慧图书馆的研究成果,但是并没有得出一个统一的概念,因此本书对智慧图书馆的各项研究进行归纳与总结,大致可以概括为以下几种。

(一)感知论

感知论的研究者着重强调智慧图书馆的可感知性。感知论重点突出利用物联网等感知技术可以实时地让读者获取到一些相关感知的数据。有的学者认为智慧图书馆是感知智慧化与管理平台、数字图书馆服务智慧化的综合体,能实现人与人、人与物、物与物的直接对话。部分专家认为智慧图书馆能为读者提供一种无处不在的智能服务环境,包括图书馆的各种关键数据能被及时感知与妥当处理,这些关键数据包括图书馆的建筑环境、文献资源、读者和设备资产等。在一些相关专家与学者看来,智慧图书馆是数字图书馆发展到比较高级的一种形态,能利用包括射频识别在内的多种智能技术,对分散的各种图书馆要素进行深度感知,并进行系统化服务和管理,认为图书馆涉及的要素包括读者、各种形态的馆藏资源、图书馆工作人员和建筑设施等。有些学者认为"人物互联"是智慧图书馆建设中最核心的环节,智慧图书馆是在该环节的基础上,在以射频识别为代表的物联网环境下,以云计算为基础,结合智慧化设备,为读者提供智慧化服务。有些学者认为智慧图书馆就是对资源和读者的感知,同时提供智慧化服务。有些学者将智慧图书馆理解为流程化,先是对读者需求的信息进行感知、捕捉和统计分析,再为其提供快速高效的智慧化服务。还有些专家认为智慧图书馆就是在无须人工干预的状态下,实现图书馆的管理与服务的智慧化。感知论较具有代表性,是我国智慧图书馆研究学者关注较多的一种观点。

(二)智能技术论

智能技术论重点突出在智能技术下,以物联网为基础的设备、系统、流程之间的互联互通。因为智慧图书馆概念本身是由技术发展驱动而来的,所以智能技术论也得到了一些研究学者的关注。在一些专家看来,智慧图书馆主要就是利用物联网等智能技术了解读者的需求,为读者提供智慧化的服务与管理,简单来说就是数字图书馆的发展目标与终极形态。除此之外,还有一些专家学者认为智慧图书馆就是在图书馆与读者之间形成良好的协同感，创新读者服务工作，从而满足读者的各项需求，在这些专家学者看来，智慧图书馆就是技术、馆员、读者等各方面要素的融合与协调发展。

（三）人文服务论

人文服务论重点阐述图书馆馆员在利用新技术解决问题方面的主观能动性，突出了人在构建智慧图书馆中的重要作用。有的学者认为"智慧"具有以下特征：一是以数字化、网络化、智能化为技术支撑；二是具有互联互通、高效快捷的沟通协调能力；三是追求数字惠民与绿色发展；四是整合集群与协同、服务泛在化和跨越时空；五是具有模式创新和可持续性。有些学者从宏观与微观两方面探究智慧图书馆建设，即思想与技术属于宏观方面，资源建设与读者服务属于微观方面。部分学者认为智慧图书馆是图书馆发展的新形态，是基于新的信息技术、能体现人工智能的一个知识服务系统。有的学者认为"智慧图书馆＝图书馆馆员＋智能建筑＋信息资源＋智能化设备＋云计算"，其中图书馆馆员由技术专家和人文学者构成，可通过智能化设施充分利用各种信息资源。

（四）要素论

要素论重点研究构成智慧图书馆客观事物的存在基础，以及维持其产生、发展、变化等运动的必要的基本系统单位。目前智慧图书馆主要有"三要素论"和"五要素论"。有的学者认为智慧图书馆由人、资源、空间三种元素组成，其中"人"这个要素处于最核心的位置，"资源"与"空间"两个要素是基本点。在"三要素论"中，技术是基础，服务是灵魂，通过技术改善服务。还有一些学者认为，智慧图书馆主要包含五种要素，分别是资源、服务、技术、馆员和读者。在资源要素方面，智慧图书馆必须做到多元、高效和优质，即为读者提供快、准、好的各种馆藏资源；在服务要素方面，智慧图书馆必须做到智能、泛在和感知，即要感知读者需求，并随时提供智慧化服务；在技术要素方面，智慧图书馆必须做到精准、智能和快捷，即要通过技术提升服务效率；在馆员要素方面，要求专业、敬业和创新，即要求馆员利用新技术提供创新性服务；在读者要素方面，智慧图书馆要具有实用性、协同性和敏锐性，即确保读者能乐于使用系统与图书馆进行协同互动。

（五）综合论

综合论并没有从单一角度对智慧图书馆进行定义，而是综合考虑了资源、服务、技术、物理实体等多种因素。我国资深图书馆学专家初景利教授没有明确指出智慧图书馆的准确含义，但是在他看来，智慧图书馆的本质就是数字图书馆与新型图书馆，智慧图书馆不仅可以推动图书馆快速地向前发展，而且还是未来世界中图书馆的高级形态。[①] 对智慧图书馆的理解，有的专家认为这是在复合图书馆基础上的一个更高级形态，智慧图书馆以信息技术和智能设备为基础，可实现图书馆内的人、文献、设备、建筑之间的互联互通，从而达到向读者提供智慧化服务的目的。有的学者认为智慧图书馆的目的是让读者享受到图书馆的"5A"服务，"5A"分别表示任何人（Anyone）、任何时候（Anytime）、任何地点（Anywhere）、任何方式（Anyway）与任何服务（Any service），简单来说就是在任何时间、任何地点任何人通过任何方式进行任何服务。从本质上说就是图书馆的管理员在管理与服务时运用的都是先进的技术手段。还有一些专家学者认为虚拟图书馆与现实图书馆的结合就是所谓的智慧图书馆，运用信息化技术等先进的技术对图书馆进行专业的管理与感知，从而为读者提供快、准、好的各方面的资源与服务，进而让读者享受到智能的文化空间。

通过以上分析可知，我国学者目前关于智慧图书馆的认识包括感知论、智能技术论、人文服务论、要素论和综合论。这些是依据学者对智慧图书馆认识的不同角度进行划分的，而不是以文章发表的先后顺序进行划分的。也就是说，我国学者对智慧图书馆的研究并没有经历从感知论到智能技术论，又到人文服务论、要素论，再到综合论的发展阶段。但从文章发布的时间来看，我国学者对智慧图书馆的研究的确经历了由浅入深、从个体到整体、从局部到综合，以及从致力于智能化建筑实体研究到提供系统化、专业化智慧服务的转变过程。这也是我国智慧图书馆研究范畴不断向外延伸、扩展的见证，涉及的技术与理念不仅越来越先进，而且越来越综合。一般认为，图书馆经历了两次重大转型：一是传统纸质藏书的物理图书馆向数字图书馆的转变；二是数字图书馆向智慧图书馆的转变。目前国内外图书馆正在不断努力向第二阶段发展。

---

① 初景利、段美珍：《智慧图书馆与智慧服务》，《图书馆建设》2018年第4期。

第二节　高校智慧图书馆的功能

智慧图书馆有很多功能，主要包含以下三种：首先，智慧图书馆具有管理的功能，具体来说就是可以让图书馆拥有全新的智慧化管理模式；其次，智慧图书馆具有服务的功能，具体来说就是智慧图书馆可以给读者提供智能的、个性化的服务；最后，图书馆空间的智慧化，智慧化的馆舍空间为智慧图书馆提供必要的物理承载。

一、高校智慧图书馆的"智慧管理"功能

我们将通过射频识别技术、传感器技术、智能嵌入技术等信息设备，按照约定协议，将所有物品与互联网连接来进行物品标识，从而实现物品及物物之间智能化识别、定位、跟踪监控和管理的网络称为"物联网"（Internet of Things），简而言之，物联网就是物体之间相互联系的互联网。智慧图书馆就是通过物联网来实现的，其中主要包括对人、图书以及资产等方面的管理。

（一）对人的智慧管理

对人的智慧管理包括对图书馆馆员的管理和对用户的管理，对人员主要是通过身份识别技术来管理。例如，图书馆馆员和用户均需要办理一张存有个人信息的一卡通卡片（卡片也可以内置到手机中）。此卡集多种功能于一体，如在图书馆借阅及占座、校园消费、教学楼和宿舍门禁系统等。图书馆在门禁处安装感应器或接收器，此装置与校园卡管理系统和图书馆管理系统相连接，图书馆的管理人员以及读者可以携带图书馆一卡通，将卡靠近门禁处，这时门禁的接收器就会对卡片进行识别，若识别成功就会直接将门开启，与此同时，门禁系统还会对门口的人员信息进行记录，将这些信息上传到图书馆的管理系统之中，智能化的图书馆管理系统可以将这些信息直接形成报表，统计出人员进出图书馆的时间以及次数，这样图书馆的人员流动情况就可以很方便地在这个系统中查出。此系统非常便于对图书馆进行人员管理，并积累详细数据以供图书馆管理层和馆员利用。

(二)对图书的智慧管理

对图书的智慧管理主要依靠植入芯片技术和射频识别技术来实现。例如,以往图书都是依据图书馆分类法,依靠人工来进行分类排架、查找等管理工作,由于高校师生人数较多,用户借阅图书量大,所以图书馆馆员几乎每天就需要对书架进行整理,这对图书借阅部门的馆员来说是一项比较重的负担,同时也使得图书流通效率降低。而依靠芯片技术和射频识别技术,图书馆馆员可以将来自不同出版社的图书的基本信息植入芯片中,通过此芯片可以进行智能化管理。同时此项技术可以带来很大便利,一是通过植入芯片省去繁杂的图书信息编辑工作;二是清点图书也变得非常简单,只需要用扫描设备在书架上依次扫过,所有书目信息就能一目了然,通过此项技术,以往需要相当长时间的清点工作现在只需很短时间就能完成;三是方便用户查找所需书籍,以往用户借阅图书需要先查该书的索书号,再去相应的书架找书,利用射频识别技术,用扫描设备进行扫描就可以很快将所需用书找到;四是图书馆管理员以及读者能够很方便地查询出书籍的相关基本信息以及书籍的数目,甚至书籍当前所在书架的具体位置;五是在开放的图书馆中,因为读者的借阅,书籍摆放的顺序就会有些混乱,因此书籍信息的清晰明了对管理员进行书籍的管理与归位会有很大的帮助,具体来说就是图书馆管理员只需在阅读器中输入需要检查的号码以及需要寻找的书籍,对书架进行扫描,当存在排列错误的书籍时,机器就会立刻发出信号,这样就会减少图书管理员的工作量以及工作时长,同时还能降低书籍摆放的错误率,从而缩短图书归位的时间。

(三)对图书馆资产的智能管理

在图书馆的管理当中,存在着一些困难,如图书馆的资产较多、门类比较杂以及管理难度大等问题,在管理的过程当中经常出现资产流失的情况,所以依靠电子识别技术对门口进行管理,可以有效地改善图书馆资产流失的问题,防止图书馆的固定资产和图书的丢失。

二、高校智慧图书馆的智慧服务功能

智慧图书馆的智慧服务又分为一般性服务和深度服务，一般性服务是指图书馆的基础服务，如借还书服务、空间服务（教师和学生利用图书馆空间来学习和研讨等）等；深度服务是指图书馆馆员利用所学的专业知识，深入了解读者与用户的需求，从而给读者提供更深层次的服务，一般情况下深度服务包括知识服务、高级参考咨询服务与情报服务三种。

（一）智慧型的借还书服务

传统的图书借还服务主要依靠人工来完成，即读者到借阅部门借书或还书。而智慧图书馆读者可以实现自助的借书与还书，具体来说就是通过自助借还系统，读者拿着自己的借书证以及自己将要借阅的书籍放置在自助借还机的感应区上，系统就会自动扫描与识别，同时通过自动化的借阅系统进行联结，确认后完成借书，还书与借书的流程基本一样，也是十分方便，读者自己就能完成对书籍的归还，读者在借阅与归还书籍的时候，图书馆中的系统将会自动对书籍信息进行更新，从而让读者及时了解与掌握书籍的基本信息，与此同时，书籍借还机不仅可以 24 小时不间断工作，还可以很多本书同时操作，也就是说读者在借还书籍时，不用一本一本地在机器上进行扫描，这样不仅加快了图书的流通速率，简化了流通过程，而且还可以减少图书馆管理人员的工作量，从而提升图书馆的工作效率以及服务质量。

（二）智慧型的空间服务

主要集中于图书馆的阅览室和部分图书馆设有的自习室，对于图书馆空间的管理主要依靠智能占座系统。例如，某智能占座系统的操作过程：读者将自己的信息卡放在图书馆的刷卡区上，这时屏幕上就会出现两个选项，分别是"常坐座位"与"本次选位"，当读者选好座位之后，如果读者选择打印凭条，机器就会将带有座位代码以及学生卡卡号的票打印出来，如果学生想要暂时离开座位就可以在机器上选择暂离，系统就会将读者的座位暂时保留，但如果是长时间离开，系统就会自动释放该座位。近两年来，随着 5G 网络的发展，图书馆占座系统也实现了手机操作功能，用户利用手机可以实现在终端机上的所有操作，足不出户便实现了选座功能，同时，此系统还可以自行设置规则，防止出现漏洞或其他不符合规范的行为，方便了图书馆的管理。

三、高校智慧图书馆的空间智慧化

智慧化空间就是图书馆利用技术手段和设备来管理空间，以达到空间最优使用效果。智慧图书馆的空间智慧化核心是智能楼宇系统在智慧图书馆中的应用。何谓智能楼宇？日本电机工业协会将楼宇智能化定义为：运用综合计算机、信息通信等方面的先进技术，对建筑物空调、照明、防灾、防盗、运输等方面的设备进行调配，从而使建筑物中的电力等设备实现协调工作，具体来说就是将建筑建设成为 5A 建筑。5A 建筑是指建筑物自动化（BA）、通信自动化（CA）、办公自动化（OA）、安全保卫自动化系统（SAS）以及消防自动化系统（FAS），除此之外，还由外加结构化综合布线系统（SCS）、结构化综合网络系统（SNS）、智能楼宇综合信息管理自动化系统（MAS）这三项系统组成。楼宇智能化主要包含综合布线系统、计算机网络系统、电话系统、有线电视及卫星电视系统、安防监控系统等。虽然图书馆不需要酒店管理与物业管理，但是要想建成智慧图书馆也需要建设一些子系统来对楼宇的管理进行支撑。

智慧图书馆的智慧化空间主要体现在七个方面。第一，利用视频监控设备，来对图书馆的空间进行监控与智慧管理；第二，在声光电的控制方面，我们可以利用声光电等温度与湿度之间的控制系统检测设备，与此同时还可以通过线路来对机房的计算机进行控制，进而实现对图书馆的声光电以及温度等方面的实时监控；第三，在图书馆大门的管理中，我们可以给大门设置自动的定时开关；第四，利用综合布线系统，可以提供整个馆舍内无死角的网络覆盖；第五，在广播宣传方面，智慧化主要体现在可以在图书馆中播放背景音乐、通知与广播，在告示系统中智慧化主要体现在视频信息发布，在门厅、大堂、电梯间等地配置告示屏来播放宣传材料、广告和公告信息等；第六，智慧化消防，它具备火灾初期自动报警功能，并在消防中心的报警器上附设有连接到消防部门的电话、自动灭火控制柜、热/烟感应系统、火警广播系统等，可有效防止火灾发生；第七，智能身份识别系统，该系统主要依靠一卡通系统来实现。

第三节　高校智慧图书馆的特征

以人为本的理念，就是智慧图书馆的核心内容与特征，建设智慧图书馆的主要目的就是满足用户的显性与隐性需求。对于读者的显性需求，很多传统图书馆已经能够满足了，然而读者的隐性需求应该如何满足呢？具体来说就是运用智慧图书馆来进行满足，与此同时智慧图书馆的管理者与建设者还要不断地对读者的隐性需求进行挖掘，从而为智慧图书馆的管理升级、服务创新提供指导，以此来保证智慧图书馆的以人为本理念不改变。但是要想做到这些，就需要智慧图书馆不断与新的科学技术进行融合，吸取其中的先进技术，从而对传统图书馆的系统结构进行改良，进而适应新的图书馆服务模式，让纸质的文献资料与数字文献资料处于一个同等的地位上，给读者全方位的服务保障。具体来说，智慧图书馆的特征主要表现在以下四个方面。

一、管理的智慧化

传统图书馆早在20世纪就已经将满足读者需求的以人为本的理念作为图书馆建设的核心理念，但是当时社会发展程度不高，技术水平较低，因此对读者的需求满足十分有限，而且在当时以人为本的理念主要体现在图书馆管理员如何提高自己的工作效率以及如何减轻自己的负担，由此我们也就可以知道，当时图书馆对读者的服务质量还是有待提高的。随着时代的发展，中国进入大数据时代，那么如今的图书馆与传统图书馆应该是有明显差距的，具体来说，在大数据时代下，图书馆可以调查与了解读者的需求，对读者的隐性需求进行挖掘，从而为图书馆服务质量的提升提供依据。

随着信息时代的来临，图书馆的数字化程度越来越高，文献资源的数量越来越多，种类也越来越丰富。回望过去，第一，我们可以发现在原先的传统图书馆系统中，无法将DC、MARC等格式的信息资源准确与清晰地展示出来，而且也不能将不同标准的数据进行转换，而这些就是统一管理图书馆中的资源的障碍。第二，在传统图书馆中，就算是所有的文献资源都是纸质资源，也不能做到智能化管理，那是因为不管是对文献资源的空间进行管理还是对图书馆中的设备进行管理，都需要大量的人力来完成。也正是因为这样的原因，图书馆中的资源不能与图书馆中的其他资源进行联结，详细来说，如果文献资源是在不同的图书馆中，将很难对用户提供服务。第三，如果图书馆没有储存电子资源的元数据信息，那么就会很难进行知识的挖掘与增值服务。第四，传统图书馆管理服务的系统设计在一开始就与智慧图书馆有较大差距，因此不管如何进行更新与升级，都不能将这些问题从根本上解决。然而，在智慧图书馆中不仅可以对不同类型的资源进行综合管理，还可以统一管理图书馆，从而让用户在使用图书馆系统时也觉得是统一与整体的。

传统图书馆管理系统除了在资源管理上存在较大不足，在接口规范与标准上也存在不够统一的问题。一般情况下，图书馆管理系统会交给外包公司进行设计，然而这些公司为了降低企业成本，会使用一些模板来让图书馆挑选，然后再根据图书馆的实际情况进行具体的设计与调整。因此，从这个方面来看，图书馆的管理系统是确定的，所以如果不进行根本上的改变与升级，只是让外包公司对系统进行简单的优化，那么也无法改变图书馆系统中的根本性问题；除此之外，不同图书馆之间的接口规范与标准存在差异，因此如果在图书馆之间开展资源共享，就会出现资源不兼容的问题。如果图书馆自己进行系统的研发与管理，就会造成资源的浪费，所以将系统的研发与管理交给分包公司不仅对图书馆有利，对公司也是十分有利的，只要把握好图书馆系统管理开发时的标准，就能减少原来管理系统开发的弊端，那么这个标准应该如何建立呢？研究发现，最好的办法就是由图书馆组成一个联盟组织来制定一个统一的标准，这样就可以避免管理标准不统一导致的各种问题，不仅可以让图书馆的管理更加全面与立体化，还可以将各个图书馆之间的资源整合起来。具体来说，智慧图书馆有很多方面的优势，图书馆管理员可以利用很多新型的信息管理技术来对资源进行分析与处理，如云计算等，这样不仅可以让知识实现增值，还可以让广大读者感受到一站式服务的方便与快捷。在智慧图书馆中，还会运用到大数据技术，通过这些大数据就可以让管理员更加了解读者的喜好以及需求，从而为读者提供更多更加人性化的服务。在实践的过程当中，我们发现，智慧图书馆中的全方位、立体化的管理模式不仅可以减少工作人员的工作量，提高工作人员的工作效率，还可以提高图书馆的服务质量，让更多的读者感受到人性化以及优质的服务。

二、系统的智慧化

在图书馆的服务管理系统中，使用云服务平台代替图书馆服务平台，不仅可以减少图书馆在管理方面的成本，还可以让各大图书馆之间的资源进行共享，也就是说当读者想要进行资源下载的时候，可以很简单地获取下载渠道，但这只限于一部分资源，如果读者想要下载平台中没有的资源，平台会告诉读者可以通过哪种方式来下载资源。除了资源下载这个方面，智慧图书馆在存储方面也存在很多的优势，首先，智慧图书馆已经能够将图书馆的各种标准与接口规范与统一起来，因此各大图书馆之间就享有了云储存空间，这样不仅可以节省图书馆的存储空间，还可以保障图书馆资源的安全性。

智慧图书馆不只是将信息技术融入图书馆的服务平台中，还有一个很关键的因素就是互动性，具体来说，互动性就是读者可以在服务系统中进行互动式的操作。因此，在设计服务系统的界面的时候，我们应该考虑到读者的使用感受，从读者的需求出发，避免读者付出过多的学习成本。智慧图书馆除了拥有上述两个方面的先进技术，还拥有人工智能与大数据技术，这样，图书馆的服务管理系统就可以更加了解读者的需求，从而让读者拥有更加丰富顺畅的体验。智慧图书馆系统中还可以开放系统的代码，通过活动悬赏等方式招募系统开发人员，从而吸引更多的用户参与到图书馆服务系统的开发当中，这种方式不仅可以减少系统开发的成本，而且可以设计出读者更加喜闻乐见、愿意接受的图书馆服务系统，甚至还可以让很多读者学到系统开发的技术，不断促进系统的优化与升级，进而让图书馆的服务系统更加完善，实现读者与图书馆的共同进步与发展。与传统图书馆相比，智慧图书馆拥有更加强大的拓展性，不仅可以自由组合模块，还可以将数据和应用解绑，进行重新耦合。

三、服务的智慧化

智慧图书馆在场馆建设方面，也拥有智能化的特征。举例来说，在文献资源的空间管理与安全保障方面，智慧图书馆拥有射频识别技术，能快速地了解到图书馆资源的出库与入库的记录；在文献资源的位置方面，智慧图书馆拥有 GPS 技术，这样图书馆管理员就可以快速地找到图书的位置，从而进一步提高管理人员的工作效率，减少工作时间；对于文献资源的安全问题，智慧图书馆拥有实时监控与红外感应系统，来对资源进行监控与保护。这些技术的使用，不仅可以提高管理人员的工作效率，而且可以减少图书馆的设备损耗。从读者的角度来看，智慧图书馆采用人脸识别技术来控制人员的进出，还可以运用人工智能技术对图书馆的温度与湿度进行调节。在智慧图书馆中还存在一些智能机器人，这些智能机器人可以帮助读者解决一些简单的问题，如指引读者到达想去的地方。在对读者的阅读推荐方面，智慧图书馆会运用大数据推测读者的喜好，从而给读者提供更加精准的推荐与服务。

下面我们详细地介绍智慧图书馆在服务方面的特点。智慧图书馆简单来说，就是将当今时代的信息技术与服务方式相结合，从而为用户提供更加个性化与智能化的服务。具体表现在以下两个方面：第一个方面，智慧图书馆掌握着大数据技术与人工智能技术，大数据技术可以改变传统技术中数据储存量少的问题，让样本上的数据更加丰富，从而在对读者进行服务的时候考虑得更加全面，将大数据的优势与可视化技术结合在一起，可以让更多的数据更加直观地表现出来，从而更好地预测出读者的需求。除此之外，还可以将大数据与人工智能技术结合在一起，这样图书馆的管理系统就可以更加了解用户的习惯，为图书馆管理员对读者的服务提供更加精准的分析预测。第二个方面，智慧图书馆一个最突出的特点就是全方位立体化，将智慧图书馆与传统图书馆进行比较，我们就会发现，智慧图书馆可以将资源效益发挥到最大化，具体来说，在传统图书馆的资源管理模式中，有很多资源只是提供给一小部分的读者，无法让大部分的读者享受到服务。然而在智慧图书馆中，图书馆之间可以联合起来，弥补各自的资源不足，从而让读者享受到更多的资源，除此之外，智慧图书馆还拥有更加先进的信息技术支撑，能够为更多的读者提供更加具有针对性与个性化的服务，满足读者的各项需求，获得交互式的体验感。

四、功能的智慧化

简单来说，智慧图书馆的核心内容就是将传统图书馆的管理变得更加智能化与个性化，换句话说，智慧图书馆中拥有着传统图书馆中所没有的先进设备与技术。随着时代的发展，人类进入了 21 世纪，这时图书馆已经不再是一个仅仅拥有文化职能的公共设施，而是还担任着社会公共服务的功能。由此，我们也可以发现，在不同的时代，图书馆也拥有着不同的职能方向。在日常生活中也可以看到很多这样的案例，如在图书馆设观影区以及少儿活动中心等，这些场所的开设让图书馆的服务变得更加丰富多彩，不仅拥有满足人们知识需求的功能，同时还拥有文化传播的功能。文化传播的核心就是满足广大读者的知识需求，这种需求不仅可以通过文献资源形式来满足，还可以拥有其他更加多样化的新方式。在这个方面，智慧图书馆比传统图书馆要做得更加到位一些，不仅弥补了休闲娱乐这方面的空缺，还让图书馆的推广阅读服务上升一个台阶，当前已经有很多高校在校园中使用智慧图书馆服务系统。

虽然智慧图书馆拥有很多的优势与功能，但是其最基本的功能还是藏书与借阅，因此即使智慧图书馆可以有很多形式的文化传播，也不能在场馆内进行过多类型的活动。那么智慧图书馆应该如何去做呢？具体来说就是给广大人民群众提供多功能的服务平台，然后利用这个平台将各种文化集中起来，对文化项目进行质量把控，从而让更多的读者接触到优秀的、高质量的文化教育活动。举例来说，可以开展各种体验活动，如紧急灾害避险教育体验活动等。

第四节 高校智慧图书馆的构成要素

一、高校智慧图书馆的实现载体

（一）感知技术

当前，在全世界中对智慧图书馆的建设最为突出的技术类型就是感知技术。而在感知技术当中，最具代表性的就是射频识别技术。那么什么是射频识别技术呢？具体来说就是在各大图书馆之间进行各种形式的运用，其中主要包括图书排架、自助借还及藏书等各种清点工作。据研究发现，早在21世纪初期，全世界就已经有超过3000万个图书馆在使用射频识别技术，由此，我们也可以了解射频识别技术对智慧图书馆的建设与发展起到的基础作用。从用户的角度来看，智慧图书馆中的感知技术是将物理空间与虚拟空间进行结合，从而实现与图书馆的主动联结，这样不仅可以让图书馆的读者更加方便地获取资源，还可以从根本上了解读者的需求，从而为读者提供更加个性化与针对性的服务，丰富读者的使用体验。从图书馆的角度来看，我们可以发现感知技术提升了图书馆的自动化水平，详细来说，就是感知技术可以减少图书馆管理的时间，提高工作效率，让工作人员将更多的精力放在图书馆资源的供给上，进而提升整体的自动化水平。

（二）传感技术

在建设智慧图书馆整体馆体的过程当中，我们发现有很多不同类型与不同功能的传感器与图书馆的物联网相联结，然后将通过传感器实时接收到的数据与物联网相结合，从而对照明、温度、通风等系统进行远程操作，这些简单概括起来就是传感技术与建筑物之间的结合。当前有很多图书馆都采用了这项技术，如国家图书馆的电子窗帘，可以通过电子技术对窗帘进行控制，从而对图书馆进行高效动态的管理，让图书馆实现绿色运营。在智慧图书馆中运用传感技术还可以收集图书馆中的人员情况、动作行为等信息，从而在发生意外情况时快速地对图书馆人员采取措施。除了以上两点，智慧图书馆中的传感技术还可以为读者提供导航服务，美国的伊利诺伊大学香槟分校的图书馆中就运用了这项技术，管理人员将移动技术与蓝牙技术结合在一起，这样学生就能快速地找到自己的位置，然后再根据图书馆的地图进行交互，从而为读者提供导航服务。

（三）人工智能

在当今时代，人工智能技术是一项热门技术。人工智能技术是把机器学习作为基础，经过数据训练，让机器拥有人一般的意识与思维的模拟技术。研究人工智能技术就是为了能够让机器去解决一些复杂的工作，当前有很多形式的人工智能技术，如语音识别、生物特征识别技术等。这些技术能有效地将重复性高、业务量重的工作以高效率、高标准的形式解决，与此同时，智慧图书馆的人工智能还可以使图书馆之间互联互通，由此我们也就可以发现，人工智能技术已经成为智慧图书馆中一项关键的技术。人工智能技术在图书馆中主要体现在机器人的智慧服务方面，比如，为读者提供迎宾、引导与讲解的服务，与读者进行互动，为读者提供更多更好的服务。深圳宝安图书馆的分拣和运输机器人、上海图书馆的参考咨询机器人"图小灵"等，都是人工智能在图书馆中对读者进行服务的现实案例。除此之外，人工智能技术在图书馆中还体现在CNKI数据库中，具体来说就是人工智能可以根据读者经常搜索的数据进行分析，对图书馆资源中的作者、发文的时间以及发文的主题进行分类，制作出一个可视化的图谱，这样不仅可以方便读者了解图书馆中的文献情况，还可以为图书馆资源的整理提供更多便利，从而为读者提供更多简洁、直观的信息内容。

（四）读者与馆员

在任何时候，图书馆都是需要人来管理并对人进行服务的，这也是图书馆发展过程中的本质属性。因此，在图书馆的发展与管理的过程中，不管是什么技术与资源，本质都是供人使用的。从过去到现在，图书馆一直都把精力放在对资源的建设上，从而忽略了对读者的服务这个方面，没有考虑人这个因素，淡化了读者与图书管理员的价值，王子舟认为，读者对于图书馆而言是一种隐性的、具有不稳定性的活态资源。[①] 刘兹恒认为，图书馆的天职是提供服务，而服务的优劣从来都取决于图书馆馆员而不是技术或设备。[②] 从这我们也就可以得出结论，图书馆始终不变的核心理念就是"人本位"，这种理念一直指导着图书馆事业的发展。也正是在这一理念的指导下，图书馆中的读者与管理员逐渐为图书馆的发展起到重要的作用。比如，芬兰有一家图书馆，在开始建设的时候就广泛地收集读者与图书馆馆员的建议，因此这家图书馆在开馆之初就大受欢迎，获得很大的成功。在智慧图书馆中有很多的技术都是将读者与馆中的工作人员相联结，也正是这样的模式，让读者的需求在图书馆的建设与发展过程中不断地指导着图书馆发

---

① 王子舟、吴汉华：《读者既是图书馆的服务对象也是活态资源》，《图书馆杂志》2009年第9期。
② 刘兹恒：《大众创新背景下的图书馆学研究》，《山东图书馆学刊》2017年第1期。

展的方向，从而让图书馆长期处于健康稳定的发展状态。

二、高校智慧图书馆的主要构成

（一）服务

从智慧图书馆服务的这个角度来看，它主要体现的是运用感知技术的感知与人工智能的分析，来实现对用户的精准对接，这样图书馆的服务就可以在合适的时间、合适的地点为读者提供合适与精准的服务。换句话说，这个模式就是个性化与交互式服务的结合。在智慧图书馆这个高度自动化与智慧化的环境当中，读者可以不用明确地提出服务的请求与完整的检索内容，图书馆就可以根据读者所输入的小部分内容将资源进行整合，同时再利用感知技术对用户的物理空间与网络空间进行感知，这时读者就可以与这些资源进行互动与反馈，这就是高品质图书馆的服务。在当前，已经有一部分图书馆将不同区域与不同类型的图书之间形成串联的关系，让各种实体与虚拟的资源之间形成了一种立体化的流动关系，从而实现了用户与图书馆之间前后端平台的无缝衔接；而且可以为用户的需求提供空间的规划与个性化的建议，从而实现资源与知识的共享。目前，智慧图书馆正在开发信息资源自查与自检的能力，慢慢引导读者形成适合自己的知识获取体系，从而让读者形成结构化的信息素养。

（二）管理

从管理这个角度来看，智慧图书馆内存在很多人员、物品以及数据之间的交互交流。智慧图书馆不仅能够对各方数据进行自主的、实时的与周期性的评估与修正，还可以提升决策的能力以及服务的质量，进而达到理想的目标。比如，在智慧图书馆中，很多读者可以参与到决策的流程之中，在自动化的管理程序与大数据的实时分析中对数据进行直观的表达，从而为数据的管理与互动提供便利。所以，这种管理模式最主要的就是将图书馆中的工作人员以及用户与机构的信息集中起来，从而形成一种信息资源，为图书馆的研究与发展提供指导。这样的管理模式不仅可以完善用户的相关信息，还可以在一定程度上对图书馆的本职工作进行优化，从而发挥出图书馆决策层的信息优势，让用户、信息机构等在内的信息生态系统成为重要的组成部分，进而改变传统管理中孤立的决策情况。

（三）馆员

印度的图书馆学专家阮冈纳赞认为图书馆就是一个一直不断成长的机体，而智慧图书馆就是图书馆在当今时代建设与发展过程中的一种新形式，所以当前的图书馆中的工作人员也需要与图书馆相匹配。伊安·约翰逊说过："除了智慧的图书馆馆员，没有人能创造出智慧图书馆。"[1] 因此，图书馆中的管理人员也是智慧图书馆中的重要组成部分。但是需要注意的是，图书馆不是一个工厂，不是进行流水线活动的场所，而是获取信息、进行信息交换的场所。在图书馆中不仅是有几本书、几个数据库的内容，还包含着很多人情、道德、伦理等方面的内容，然而这些内容是无法通过技术来管理与解决的，因此在图书馆的日常管理中，依然需要人员来发挥其各项职能。随着时代的发展和智慧图书馆的进步，有很多优秀的图书馆人才加入智慧图书馆的建设与管理当中，这不仅可以突破原先专业人才方面的低水平建设，还可以对不断发展的图书馆进行人文情怀的补充。

---

[1] ［英］伊安·约翰逊、陈旭炎：《智慧城市、智慧图书馆与智慧图书馆员》，《图书馆杂志》2013年第1期。

第二章　高校智慧图书馆建设

本章主要从高校智慧图书馆的架构与运行、高校智慧图书馆建设的关键技术、高校智慧图书馆建设的原则与内容，以及高校智慧图书馆建设过程中的问题与对策这四个方面来对高校智慧图书馆建设进行详细的介绍与研究。

第一节　高校智慧图书馆的架构与运行

一、高校智慧图书馆框架

高校图书馆的用户主体是全校师生，此外，还有可能为校外用户提供信息服务。根据其定位，高校智慧图书馆的框架可分为技术系统层、感知层、资源层、数据层、应用服务层。

（一）技术和系统层

技术层为智慧图书馆提供技术支持，是组成系统层的技术来源。主要包含互联网技术、物联网技术、云计算技术等。

系统层为智慧图书馆各类应用提供基础支撑的保障系统，所有的应用服务均需通过系统层来实现。其中主要包含数据管理层、数据分析层等系统。

（二）感知层

在智慧图书馆中感知层主要是对图书馆进行环境的感知与数据的采集，其中包含射频识别感知、二维码认证等技术内容。感知层是智慧图书馆的"神经系统"，能够及时地反馈外界数据，以帮助智慧图书馆及时根据外界变化做出反应。

(三)资源层

资源层为智慧图书馆提供内容资源,是组成智慧图书馆的"血液和肌肉"。

资源层提供用户所需的各种资源,同时也是智慧图书馆中的核心主体。其中主要包含印本资源、数字资源、数据资源(学术数据资源)等。

(四)数据层

数据层提供智慧图书馆所需的各种数据,包括原生数据(图书馆原有的或购买的数据)和再生数据(图书馆各个主体在使用图书馆过程中产生的数据),主要有馆藏结构化数据、馆藏非结构数据、馆外资源数据、用户行为数据、管理行为数据和感知系统数据。

(五)应用服务层

在图书馆的日常管理中,应用服务层是实现图书馆价值最主要的平台。从应用层与服务层这两个角度进行分析,我们可以发现,应用层就是智慧图书馆中各种应用的承载系统,图书馆的价值就是依靠应用层来实现的,其中主要包含智慧感知系统、智慧资源系统等部分。服务层就是智慧图书馆的核心,也是智慧图书馆的终端。其中主要包含参与主体与服务平台终端这两个方面的内容,参与主体就是互联网平台、移动应用平台等。图书馆虽然是公益机构,但现代图书馆,特别是高校图书馆,也有一些面向用户深度需求的服务,特别是面向系统外用户的深度知识服务,因此智慧图书馆也会有合作客户。

二、高校智慧图书馆应用系统建设

应用系统是图书馆的窗口,是直接面向一线服务的平台,是满足智慧图书馆参与主体的需求与开展各项服务业务的保障。在智慧图书馆中,我们应该传承数字图书馆与虚拟图书馆等系统,又应当在技术创新和服务创新的基础上发展新系统、新模式。

(一)智慧感知系统

智慧感知系统是智慧图书馆所有应用系统的基础,具体来说就是运用感知技术来获得各种感知的数据，从而在实际的业务中进行运用。其中包括图书馆运行状态感知系统和智慧环境感知系统。

图书馆运行状态感知系统就是运用电子显示屏、电子摄像头等技术设备，来实时监控图书馆运行情况，并及时传递和接收信息，主要包括图书馆人流量信息、读者到馆信息、图书期刊借还信息等，系统能够根据一定时间内用户使用图书馆资源和服务的信息，及时计算并做出反应，方便图书馆进行资源建设和读者服务工作的调整。

智慧环境感知系统主要是利用物联网技术实时监控与感知图书馆中的空间与环境。包括对光照、温度、湿度、烟雾、声音等进行监测，及时反馈数据，以供图书馆管理中控系统及时对环境变化做出应对。

光度感知能及时掌握馆内各个空间的日光照射情况，根据馆内的实际情况对窗户或者窗帘进行调整，从而调整图书馆内的光线照射。对温度进行实时的监控与感知，不仅可以掌控各个阅览室的温度，还可以根据需要进行自动调节。一些特殊的图书馆馆藏资源还有特定的湿度要求，这时我们就需要对湿度进行实时的监控与调节。烟雾感知系统的建设也是很有必要的，这样就可以及时发现火灾风险，减少火灾隐患，避免不必要的损失。图书馆是需要给读者提供安静环境的场所，因此监控声音也是很有必要的，这样就可以在出现异常情况的时候进行及时的干预。

总的来说，智慧图书馆中的感知系统不仅可以对图书馆馆体的各个方面进行实时的智能监控，而且可以对图书馆的突发事件进行预防。

（二）智慧资源系统

在智慧图书馆中，对资源进行智慧管理就是智慧图书馆的根本，其中主要包含以下四个方面的内容。

第一个方面是知识发现系统（Knowledge Discovery in Database，KDD），具体来说就是从各种其他的信息当中，根据自己的需求获取信息与知识资源，方便读者直接提取信息，防止其他无用的信息对读者造成干扰。知识发现系统主要的工作模式是运用数据仓储、资源整合、知识挖掘来对数据进行分析与整合，从而让读者实现高效、精准的信息资源搜索，进而实现深度的知识挖掘与知识联结。

第二个方面是数字资源的定位系统，广大读者运用这个数字终端系统，可以很方便快捷地定位信息资源，找到数字资源的位置，然后按照自己的需要提取资源。

第三个方面是统一检索系统，运用这个系统不仅可以为读者提供完善且个性化的服务平台，还可以将图书馆建设成为一个具有高度黏性与个性化的场所，研究发现这个统一的检索系统拥有可以与互联网进行无缝对接，可以进行QQ、微信等社交账号登录，与网上书店互相联结，根据读者喜好进行图书推荐，为读者推送期刊目次这五个方面的特点。

第四个方面是智慧图书馆的特色资源管理系统，具体来说就是将图书馆中的各种特色资源进行数字化的管理分类，从而建立一个良好的资源服务体系，这些具有特色的内容还可以依靠云系统进行传播与联结。

（三）智慧管理系统

智慧管理系统的应用主体主要是图书馆管理者和图书馆馆员，智慧管理系统通过各种高新技术，并结合图书馆发展和自身业务需求，推动图书馆管理的智慧化。它主要包括以下几种子系统。

第一种是射频识别系统（Radio Frequency Identification，RFID），这种系统是一种通信技术系统，不仅可以通过一种无线电的信号来读写相关的数据，还可以建立光学接触。这种"物联网"技术，在最近几年受到了很多人的关注。相关学者研究发现，射频识别技术最早产生于英国，当时人们运用这项技术来分辨本国的飞机与敌人的飞机，到了20世纪60年代才将这一技术投入商业生产中。简单来说，射频识别技术就是一种可以进行自动识别的技术，在21世纪初期的美国就要求所有的军事物资都要运用到这项射频识别技术。除了军事方面，美国还规定将这项技术运用到药物中，防止假冒药物的生产。那么这项技术是如何被推向高潮的呢？研究发现，是像沃尔玛（Walmart）这样的零售巨头对这项技术的应用将其推向了高潮，起初每个射频识别系统的标签价值达到1美元，价格较为高昂，因此就有很多学者认为只有将成本降低，才能促进射频识别系统的广泛应用。随着时代的发展，到了2005年，射频识别系统已经降到单价为12美分左右。但是，我们如果要想大规模地应用这项技术，除了要降低价格，还要分析这个识别系统是否可以给市场带来更多的增值服务，研究发现，到了2010年射频识别系统已经在很多领域得到了应用。

在图书馆当中，射频识别技术已经是一项重要的技术标志。当前在图书馆中运用的射频识别技术主要包含两种，分别是高频（HF）和超高频（UHF），两者都具有各自的优点与缺点。具体来说，高频的射频识别标签会受到距离的限制，容易出现数据相互干扰的问题。超高频的射频识别标签拥有跳帧的特性，可以在较远的距离下进行识别，但是这个技术又容易出现识别内容超出范围的现象。整体观察图书馆的射频识别技术，我们就可以发现，大部分图书馆都在逐渐将超高频标签作为主导，而且当前存在的跳帧、储存空间小等问题也正在逐步得到解决。除此之外，射频识别技术还可以简化借书的程序，实现图书的自动分类与安全防盗；还可以结合读者自身的状况，开发出具有个性化与特色的应用功能，从而发挥出射频识别系统中的最大潜能。

第二种子系统是二维码，在二维码中不仅包含文字、图形等信息内容，还可以包含声音、视频等信息内容，是当今时代运用最广泛的信息技术之一。在智慧图书馆当中，二维码有着广泛的应用，首先，二维码可以代替身份证在借还书籍的时候实现无证借还；其次，二维码可以在特定的环境下为读者指引道路；最后，二维码还可以显示出书籍的基本信息以及在图书馆中的位置等。因此，在对图书馆的管理实践当中，我们可以让图书馆的工作人员使用二维码，从而进一步弥补射频识别系统的缺点。

第三个子系统是智能定位系统，可以使用智能定位系统对智慧图书馆内的人员进行位置感知，从而实现定位。研究发现，图书馆中的智能定位系统主要包含两个层面，分别是馆内层面与馆外层面，对于馆外层面，GPS智能定位系统可以感知读者的实时位置，然后结合大数据系统，将图书馆的位置推送给读者，从而为读者提供实时的位置导航服务；对于馆内层面，主要是对图书馆中的资源进行定位，人员定位主要依靠无线网络与紫蜂技术的结合，但是主体还是无线网络，以紫蜂技术作为补充来提高定位的精度。在射频识别系统中最重要的是智能感知技术，它不仅可以识别图书当中的信息，而且还可以让读者在移动设备上了解图书馆资源的具体位置，从而实现人性化的服务。在智慧图书馆的建设过程中，主要是设置综合的定位系统，这样就可以在位置方面为读者与管理人员提供更加优质的服务。

（四）智慧学习系统

智慧学习系统中的核心内容是网络学习平台，其中主要包含网上教学、网上自学、网上作业等。智慧学习系统不仅可以给学生提供教学辅导服务，还可以给学生提供实时的教学服务。这种实时的指导不仅可以帮助图书馆的管理者了解学生学习的各种内容，还可以分析学生当前学习的状况与进度。从而了解到广大读者的喜好，进而给读者推荐更多他们喜闻乐见的学习内容。

慕课（MOOC），即"大规模开放的在线课程（Massive Open Online Course）"，是新近出现的一种在线课程开发模式。智慧图书馆用户可以通过网络学习平台在线接受慕课教育，这种模式有利于把其他学校优质的教学资源与图书馆优秀的在线平台结合起来，从而更好地为用户提供服务。

（五）智慧馆员系统

随着时代的发展和智慧图书馆的不断建设与完善，图书馆对工作人员又提出了更多更高的要求，不仅要求他们成为智慧管理系统的行家，还要求他们能够解决读者的各项问题。在智慧管理系统中的核心内容就是智慧馆员系统，对这个系统加强建设，不仅可以优化图书馆的整体管理系统，还可以提升对读者的服务能力。具体来说，智慧馆员系统主要包含以下四点内容：

第一，在图书馆中开展的基本的业务管理系统就是馆员工作站业务系统，主要业务内容就是对图书的核查、盘点以及登记图书借还时间，不过具体的开发还要看图书馆拥有哪方面的需求，从而进行具有针对性的设计与开发。

第二，对传统图书馆的馆员进行系统培训，帮助他们成为智慧馆员，而这就需要图书馆为馆员提供一个良好的学习平台，这个平台不仅应满足馆员集体培训的需求，还应保证馆员个人单独学习的需求。

第三，图书馆馆员的任务管理系统主要就是结合馆员的具体工作内容，对任务管理系统进行设计，让每个员工都拥有一个具体的个性化的任务管理系统，具体来说，这个系统就是对任务进行分解，对任务进行动态管理，从而提高任务完成的效率，减少工作时间。

第四，对馆员的考勤、绩效、职务等方面进行管理，也就是对图书馆馆员的综合管理，至于图书馆馆员的个人管理，主要包含自我管理与自助办理等信息系统。

（六）智慧社交系统

飞速发展的信息技术在改变人们的生产方式的同时，也在不断变革人们的生活方式。尤其是在大学生群体中，移动社交功能应用越来越普遍，学生之间的联系方式由以前的打电话、发短信逐渐变为微信等手机应用。建设智慧图书馆的主要目标就是让图书馆拥有社交的功能，因为这项功能是当今时代满足读者需求的必然选择。在对智慧社群系统进行建设的时候，我们要坚持"为读者提供融学习、社交和娱乐为一体的城市空间"这一最基本的建设理念，将线上发展与线下发展的思路结合起来，给读者提供一个完整的社交发展思路，以及全方位的社交支持，从而促进智慧社交群体的发展。具体来说，智慧社交系统建设主要包含以下四个方面的内容：

第一个方面是将微信服务平台与图书馆的智慧社交系统相结合，从而对高校图书馆中的微信服务平台进行丰富与完善，进而让微信成为联结图书馆与读者的智慧纽带。微信服务平台主要包含微信号与借书证号绑定的功能，凭借这项功能读者就不需要再拿借阅证或身份证进出图书馆，而是用微信就可以完成对图书馆进行预约，以及对图书的借阅；除此之外，还可以通过微信号对读者个人的图书馆账号进行管理，实时获取个人账号数据，并缴纳各种图书馆中的费用，从而方便广大读者使用图书馆。

第二个方面是建设读者的评价系统，这个评价系统不仅可以为读者提供分享读书心得的平台，还可以采用积分的方法激发读者进行图书评价的兴趣，进而使读者认真负责地做出评价。

第三个方面是可以建立一个读者图书推荐系统，也就是将读者十分需要或者喜爱，并且符合采购规定的书根据实际情况进行采购。

第四个方面是开展客户的合作渠道，为各类客户之间的合作提供平台与窗口，比如，面对出版社、书店、图书馆等各个图书机构或者人，建立一个网上的业务渠道，从而为这些机构和人员的联结与合作提供网络技术支持。

第二节　高校智慧图书馆建设的关键技术

现代通信技术、计算机网络技术等技术之间的联合应用与综合就是所谓的智能化。并且这个智能化在某一领域中会拥有灵活运用的表现形态。对智能化进行研究可以发现，智能化主要包含感知能力、记忆和思维能力、学习能力与自适应能力、决策能力这几个方面的特点。其中，感知能力是指通过运用这些技术，用户不仅可以感知外部世界，还可以获取外部世界的信息。另外，感知技术还是智能化的前提条件；记忆与思维能力是指运用这些技术，可以对感知到的外部信息进行输入、分析、计算与联想；学习能力与自适应能力的特点反作用于环境，不断更新系统以适应环境的变化；决策能力是指，自适应环境后，对环境的刺激能迅速做出反应，形成决策信息反馈给用户。智能化概念、智能化系统逐渐渗透、应用到各行各业以及日常生活中的方方面面，图书馆应抓住这一机遇，实现智能化发展，也就是建设智慧图书馆。

对当前的图书馆进行观察我们可以发现，图书馆建设与发展的智能化主要包含数字资源及印本资源的自动化和网络化、用户信息服务的自动化等几个方面，图书馆在物联网技术、云技术、网络通信技术等先进技术的应用中，逐步探索智慧图书馆的发展路径。

一、物联网技术

（一）物联网的概念和特点

中国物联网校企联盟认为，物联网就是当前社会中所有的技术、计算机以及互联网技术之间的结合，借此实现物体与物体、人与物体之间信息的联结、处理与执行。从宏观的角度来看，当前所有的信息技术的应用都属于物联网的范畴。

国际电信联盟（ITU）发布的ITU互联网报告，对物联网做了如下定义：通过二维码识读设备、射频识别装置、红外感应器、全球定位系统和激光扫描器等信息传感设备，按约定的协议，把任何物品与互联网相连接，进行信息交换和通信，以实现智能化识别、定位、跟踪、监控和管理的一种网络。

综上所述，物联网有两个关键点，一是通过相关设备将物品和物联网连接起来，二是将物品的信息输入互联网中实行相关管理。物联网其实就是一种物与物交换自身信息的网络模式。智慧图书馆就是运用物联网技术，从而实现对印本资源、数字资源、图书馆运行设备以及用户信息服务等信息的深度感知、采集和处理。

（二）物联网的关键技术

1. 互联网技术

在计算机技术的基础上建设信息技术就是我们所说的互联网技术，具体来说，互联网技术主要包含3个方面的内容，分别是传感技术、通信技术以及计算机技术。在智慧图书馆中，网络才是图书馆中一切资源的载体，而且还是进行信息传输的渠道，与此同时还在图书馆的智能化中担任着重要的角色。

传感器技术是计算机应用中的主要技术，计算机需要传感器将物品信息中的模拟信号转换成数字信号才能处理。具体来说，传感器是一种检测装置，可以对光、电、声、力、运动、温度、湿度、震动等方面的内容进行感知，然后再将感知到的信息进行转化，从而形成一种可以给物联网发出指令的信息。在物联网的实践过程中，传感器是基础，如果没有传感器对物联网输送信息，就无法实现对物品的智能操作。图书馆应用中最主要的是感知射频识别标签，用于读者借还书服务、门禁服务等；也有感知用户移动手持设备的，只要用户携带移动设备到图书馆附近，就可以向用户推送新书预告、过期书预警信息、个性化文献推介信息等。

2. 射频识别技术

（1）射频识别概念及特点

无线射频识别是一种可以运用射频信号对目标对象进行自动识别，进行快速的物品交换以及追踪的通信技术。标签、阅读器、天线组成一个基本的射频识别系统，标签用以标识目标对象，由耦合原件及芯片组成；阅读器用来读取或写入标签信息；天线用来在标签和阅读器间传递射频信号。在使用射频识别系统的图书馆，凭借射频识别标签与射频识别设备读取相关的数据。在使用射频设备的过程当中我们可以发现，射频识别设备可以不用与书接触，在远距离也能进行正常的操作。在智慧图书馆中经常使用的是高频无线射频识别技术与超高频无线射频识别技术，放眼世界，这两种技术都拥有很大的市场群体。

  对于图书馆来说，这种技术主要替代了传统图书馆的扫描仪和条形码。射频识别具有以下几个特点：①它的存储容量极大，一次可以读取多个标签，这使得读者可以一次性借还多本图书；②射频识别标签拥有使用时间长、防水、可以修改、可以反复利用等优势；③射频识别标签能够实现图书定位，这一功能主要应用于读者寻找图书、防止图书被盗等。

  （2）射频识别技术在图书馆中的应用

  北美的一些图书馆较早地提出了利用射频识别技术实现图书的自动借还的理念，1999年洛克菲勒大学图书馆率先安装了射频识别系统，2002年新加坡国家图书馆首次采用了具备射频识别技术的图书管理系统。近几年，很多国家的图书馆都采用了射频识别系统，在国内，2006年7月正式对外开放的深圳市图书馆新馆就是第一家全面采用射频识别系统的图书馆，并且在很多方面运用了这项技术，借助移动归架书车确保文献和书架号一一对应，从而实现读者自助借还书、文献典藏和书籍归位的工作。据调查，全国百家以上的各类图书馆应用了射频识别系统，下文将主要介绍射频识别系统主要包括的内容。

  第一部分是射频识别标签。射频识别标签主要是由耦合元件及芯片这两个部分组成，而且每个标签中只拥有一个唯一的电子编码，一般情况下，这个标签会贴在每本书上以及书架的每一层层标上，这样人们就可以根据这些标签来找到自己所需要的书籍。这个标签分为带有电源与不带有电源的两种。射频标签的作用是记录书籍和层标的信息，以便用于书籍内容信息和位置信息读取。同时，馆方通过标签，可以统计分析用户利用文献的情况和阅读喜好，从而为用户提供更好的咨询及推介等智能化服务。

第二部分是子系统，具体来说就是将书籍当中的标签内容录入子系统当中。这个子系统主要包含两方面的内容，分别是硬件模块与一个标签的转换软件。当我们对书籍中的射频标签进行注册或注销的时候，就需要把书籍放在标签注册的硬件模板上，只有这样子系统才可以在计算机软件上完成书籍的注册与注销。

第三部分是在可以存储射频识别技术的数据的数据库中安装服务器。

第四部分是图书馆中的射频识别系统要与图书馆原有的数据进行实时同步与更新。因此可以将两个数据进行同步的SIP2接口十分重要，而且它还是能让射频识别系统正常运行的重要前提。

第五部分是在自助借还书机上的应用。对自助借还书机进行深入的研究我们可以了解到，自助借还书机主要就是通过对书籍上射频标签中信息的读取来完成借还书的操作。

第六部分是在图书馆门禁系统中的应用。主要的原理就是射频识别的标签与门禁系统中的红外线感应系统相联结，从而检测出是否有读者将没有进行借阅程序的书直接带出图书馆。

第七部分是射频识别标签在盘点机中的应用。通过对书籍射频识别标签的扫描与识别，工作人员就不用再对书籍进行详细的对照，能够更方便地进行上架、下架、倒架等工作。

应用射频识别技术一方面实现了图书借阅的自动化，读者可自行使用自动借还书机进行借还书操作，加快了图书的流通速率，使读者的借还书操作更便捷。另一方面，阅览室的流通台不需要太多人工，极大地节省了人力资源，减轻了图书馆员的工作压力，剩余人力则可用于延长开馆时间。

3.M2M技术网

M2M（Machine to Machine）技术本质上就是机器与机器之间进行联结的通信技术。其工作原理简单来说就是给机器安装一个"会说话"的M2M硬件，然后通过网络通信平台，实现机器之间的交流与对话。M2M技术包含很多方面的技术，如系统架构、终端管理平台技术等，因此M2M技术也是强化机器通信设备与网络能力的技术总称。M2M技术的重点就是对机器进行无线通信，举例来说，移动电话（用户远程监视）等技术都是机器之间的无线通信。我国在2012年正式开通了第一个M2M平台,其中包含着中国十多项专属的国家专利,这标志着中国已经实现了物联网管道通信向智能管道通信的跨越。

M2M的市场潜力绝不仅限于通信业,它的应用出现在了多个领域,如安全监测、自动售货机、货物跟踪等。M2M技术的出现使网络中的连接体除了自然人、计算机、IT设备外,还加入了众多的IT机器和设备,M2M技术中最主要的就是远距离连接技术,其近距离连接技术主要有Blue tooth(蓝牙)、射频识别。此外,还有一些其他技术,如XML(扩展标记语言)和CORBA(公共对象请求代理体系结构),以及基于GPS(全球定位系统)、无线终端和网络的位置服务技术。M2M技术可以为智慧图书馆的发展提供技术基础,尤其可以使相关设备提高远程通信能力,其与射频识别系统相结合,可应用于安全门禁、自动还书等方面,从而提高图书馆的日常管理效率。

物联网技术的出现给图书馆的发展注入了新的活力,利用物联网技术构建智慧图书馆是未来图书馆的发展趋势,同时面临更多的挑战,涉及系统、设备、网络、人员、服务的创新,需要图书馆与设备供应商、网络公司、软件开发商共同合作开发,也需要各图书馆之间、协会之间的互相沟通与学习。相信随着物联网技术的不断精进和推广,图书馆全面步入智能化的时代为时不远。

二、云计算技术

(一)云计算技术的定义

研究云计算技术的定义,我们可以了解到,云计算技术就是把一个区域网络中的硬件资源、软件资源以及网络等资源进行整合,从而形成某种数据,然后再对数据进行计算、存储等方面托管的技术。这项技术包含很多方面,如网络技术、信息技术、整合技术等,而且我们发现这些技术组成的资源池拥有按需获取、灵活便利的特点。在云计算技术中,云技术就是一项重要的支撑,下面我们将从云计算技术的概念、关键技术点以及图书馆中的应用这三个方面进行详细的介绍。

根据《智慧城市辞典》和《信息安全辞典》的定义,云计算就是网络服务交付与使用的模式,具有超大规模、虚拟化、易扩展、成本低等特点。它是网格计算、分布式计算、并行计算、网络存储等信息技术的综合、融合和提升，云计算服务商通过网络把多个计算实体整合成具有更强大计算能力的基础架构。根据维基百科的定义，云计算就是一种计算形式，运用服务的方式来满足用户的需求，而"云"主要体现在用户不用了解任何这项技术的基础架构。

（二）云计算中的主要技术

云计算这种超级大规模的计算方式有多个特殊的技术，下面将对虚拟化技术、海量数据管理技术等五种技术进行详细的介绍。

1. 虚拟化技术

在虚拟的基础上对计算机原件进行运行就是虚拟化技术，这项技术拥有很多方面的优势，首先它可以将硬件的容量进行扩充；其次，可以对软件进行重新的配置与优化；最后，支持更大范围的操作，从而减少软件虚拟机的相关费用。除此之外，虚拟化技术还可以将软件设施与硬件平台进行分离，从而将单一的资源转化成多个丰富的资源模式。虚拟化技术主要包含网络虚拟化、计算虚拟化、存储虚拟化等方面，这些技术之间的联合可以促进服务效率的提高。

2. 分布式海量数据存储

许多云端服务器组成了云计算系统，而这些服务器是分给其他用户的，这样云计算的存储能分布在很多地方，并且可以保障数据的可靠性，这种分布式的存储方式不仅可以实现任务的分解与集群，还可以降低设备不断更新所带来的成本，因此这种一份数据存储多个副本的方式拥有实用性、可靠性以及经济性等优势。在实际的云计算使用中，负责数据存储系统的是谷歌的 GFS（可扩展的分布式文件系统），还有海杜普（Hadoop）团队开发的 GFS 等。

3. 海量数据管理技术

在云计算的具体实践当中，需要处理、分析大量的数据，因此要想高效率地对这些数据进行管理，就需要拥有一个超大规模的数据管理系统，如谷歌的分布式数据存储系统。

但目前数据管理技术也面临着新的问题：第一，云数据存储管理形式有别于传统的 RDBMS（关系数据库管理系统）数据管理方式，很难精准地在超大规模、分布式数据中找到指定的数据；第二，确保大量分布式数据的安全和高效访问；第三，不同公司之间云计算技术的管理形式不同，所以会出现数据库接口无法兼容的现象，因此研究云计算的时候，还应该多关注接口这一因素。

4. 编程方式

云计算应用了分布式的计算模式，必然需要有配套的分布式的编程模式。云计算采用了由谷歌公司发布的 C++Python Java 编程模型，即分布式并行编程模型 Map Reduce，这种模型简化了设计理念，具有高效的并行运算能力和并行任务调度性，可并行运算大于 1 TB 的单位量。因为该编程模型的严格特点，在云计算环境下用户只需要自行编写 Map 函数和 Reduce 函数即可进行并行计算。Map-Reduce 模式的过程是先用 Map 程序将数据分割成不同板块，定义各节点分块数据，达到分布式计算的目的，然后通过 Reduce 程序整合各节点结果以及最终结果。

5. 云计算平台管理技术

云计算的资源拥有规模大、数量多、地域广的特点，因此在使用云计算系统时，如何实现整个云系统不间断的服务，是一个急需解决的难题。

当前的云计算平台管理技术可以有效地解决一部分这方面的难题，该技术可以帮助大量的服务器进行协同工作，对系统进行分布式的计算与任务分配，从而快速发现系统中的故障，并有效地解决，进而通过自动化与智能化的手段实现大规模的可靠运营。

（三）云计算技术在图书馆中的应用

云计算系统的应用给图书馆的未来发展带来冲击的同时也带来了机遇。云计算技术为图书馆资源的长期保存、资源的有效利用、资源的合作共享等提供了强大的支撑，这为今后图书馆的飞速发展注入了新的活力。图书馆利用云计算进行的技术和服务改革主要体现在以下几个方面。

1. 资源存储方面

在云环境中，云中心可以通过任务分配策略将数万甚至上百万普通计算机整合起来，从而为图书馆数字资源的存储提供海量的存储空间，这种超大规模的分布式计算机群可以容纳无限大的数据，并且其支持随时更新和增加数据，可满足数据量的增长需求。另一方面，云计算系统拥有可匹配的超强计算能力，当用户提交检索、计算请求时，云计算中心利用高速网络同可用的计算机资源进行链接，运用各种不同的方法为用户提供尽可能完善的搜索结果。

图书馆利用云计算系统这两方面的优势可以实现价值最大化。一方面，所有的存储服务都在"云"上运行，各类资源随时获取、按需付费，图书馆只需花较少的费用就可享用云计算系统中的海量存储空间及高性能响应服务，同时不用担心服务器瘫痪和软件升级等问题；另一方面，存储及检索服务的软硬件设施和服务都由云计算服务商提供，可省去图书馆设备购买、软件升级维护等的人力和物力，大大降低图书馆的运行成本。

云计算系统的强大存储功能及响应速度，使各图书馆纷纷加入该技术的行列。美国国会图书馆 NOIIPP 项目（关注多种形式的数字资源）和 Dura Cloud（提供存储和获取服务）联手发起利用云技术进行数字内容永久存取的试验计划。

2. 资源整合方面

通过云计算平台，图书馆不仅可以实现对数字资源的存取，还可以完成对数字资源的信息组织和加工。利用这一平台，用户可以根据统一标准对数字资源进行组织、描述和关联，从而为用户一站式检索服务、信息资源导航、馆际互借、信息资源共享等奠定基础。

3. 资源保障和共享

云计算系统可以调动数以万计的计算机上的信息资源，将不同地域的信息资源整合在一个资源池中，只要用户提交检索请求，就可在这个海量的资源池中搜索资源，满足自己的信息需求。这个过程可以屏蔽信息资源格式的多样性，实现在云端存储图书馆资源，同时云端也支持信息资源的无障碍传输，消除了"信息孤岛"，全世界范围内的图书馆都可将本馆资源存储在"云"中，而其合作馆可以通过云计算技术快速获得所需资源，这样就真正保证了数字资源的全面共享，大大提高了图书馆资源的利用率。

4. 用户服务方面

云计算系统随时待命为用户服务，也可以全程跟踪用户的信息行为。云计算改变了目前各个图书馆数据库分布式访问的问题，并将这些异构数据整合起来，为用户提供统一的资源检索入口，实现一站式检索服务。系统同时自动跟踪用户的检索行为和需求，可通过RSS（简易信息聚合）技术跟踪指定的期刊、网站、出版社、研究机构的最新动态，另外，通过分析用户的信息行为可以为其提供更精准的智能服务。

总而言之，各类型图书馆有效应用云计算技术，可建立全国或区域性质的共享"云端"，真正实现资源的长期保存和合作共享，促进图书馆服务模式的全面改革。计算机云计算技术的日趋成熟，定将促进图书馆朝着智能化方向有序、健康地发展。

三、资源整合技术

物联网环境下实现了人与人、文献与文献、文献与人之间的相互连接，为智慧图书馆的数据采集、数据分析工作提供了极大的便利。面对海量增长的文献信息、用户服务信息，如何快速有效地帮助用户从智能化搜索系统中获取信息资源，并进行综合分析、推理、判断是智慧图书馆面临的一大难题。谷歌、百度这样的搜索引擎，其提供的一站式便捷知识服务体系给图书馆检索系统提供了借鉴，各类型图书馆都已注意到了该服务体系所展现出的竞争优势，已通过应用一些知识发现系统来提供知识与资源发现服务，而这些系统实现的技术基础就是资源、数据的语义索引与数据关联、数据挖掘。在现有的结构化数据环境下，关联数据、语义化、本体等技术的发展，为全面高效的知识发现与获取、组织与整合、开发与利用提供了便利。

关联数据是建立数据之间关联的一种规范。一方面，基于关联数据的智慧图书馆和传统的数字图书馆不同，传统数字图书馆的数字资源是以超链接的形式展示的，每个资源之间没有智能关联，孤立存在；另一方面，用户检索完成后，呈现的检索结果不会根据用户的知识背景、检索习惯、兴趣爱好等进行智能排序和推介。

要想解决上述问题，需要找到一种数据语义化的表示方式，通过对传统数字资源的语义化处理，实现资源之间的智能关联。关联数据结合数据挖掘技术，可以根据用户的借阅、检索等海量日志信息分析用户的浏览习惯、兴趣爱好等个性化信息，同时根据用户提交的个人信息，为用户提供更加智能化和个性化的检索结果和推荐服务。此外，大数据时代许多数据信息结合了位置信息，位置信息可以从活动轨迹上体现用户的意图、行为模式等，图书馆及数据库商也抓住了这一趋势，在检索系统中引入了位置信息。如 OPAC 系统（图书馆公共检索系统）引入了全球定位信息，结合数据挖掘技术分析用户的位置信息，从而为用户提供智能化的图书馆公共检索服务。

在利用关联数据、语义化、本体等技术进行资源整合的过程中，出现了两种现象。有的图书馆认为将图书馆系统作为一整个产品套件更有效率，更愿意投资于一个统一全面的系统而不是多个孤立系统，除非技术部门在 API 的应用上有足够的信心使数据获取更有效率。但有的图书馆仍将其图书馆管理系统和资源发现系统分开布置，他们认为资源整合强调的是互操作能力，图书馆不希望在自己的图书馆服务平台上加入第三方发现系统去整合资源，他们更愿意利用其他的方式将资源进行整合。

资源、数据的整合是数字图书馆发展的重大趋势，是走向图书馆智能化的重要一步。将图书馆中不同类型的资源纳入统一开放平台的做法，在国内各图书馆已流行化，但是都各自为政，没有建立全国及区域化大型的整合系统，这是中国图书馆界需要考虑的问题。随着整合标准规范体系的建立和推行以及更多的实践和研究，相信未来有希望实现无国界获取资源。

第三节 高校智慧图书馆建设的原则与内容

一、高校智慧图书馆建设的原则

（一）标准化和规范化原则

智慧图书馆就是在互联网的基础上对馆藏信息进行智能化的收集、处理与发布，互联网可以为图书馆的建设带来很多帮助。但是如果我们想要建造一个大规模的图书馆系统，就需要建造一个统一的数据库，并且拥有一个统一的建造标准与模型。在日常生活中，在做任何事情之前都要设定好目标与标准，这个标准是可以决定事情成败的。因此在建设智慧图书馆的过程中，需要规范数字图书系统架设、技术后台架设和数据化等方面的内容。除此之外，对于读者服务，也应该提供一个固定的参考标准，只有这样工作人员才能在服务当中不断向这个标准靠拢，从而为智慧图书馆的建设提供坚实的基础。

（二）开放性和集成性原则

在未来世界，智慧图书馆可以给读者带来更多智能化与优质的服务。并且，读者还可以积极参与图书馆中的各种日常管理与志愿读者服务。在无线互联的今天，数据的产生、处理、传递和检索都将十分快捷和便利。数据的生产和发布不再只依赖图书馆的工作人员，用户也将成为信息的生产源之一。这将会使数据的传递更加便捷高效，图书馆与用户之间的信息流变得快而直接。智慧图书馆能够为读者提供网络终端互动、在线分享传递、在线信息导航、电话预约以及图书采集等服务，为图书馆馆员和读者降低图书馆准入"门槛"。员工和图书管理员可以自由互动并参与协作。在智慧图书馆的日常维护和服务中，用户可以参与其中，和馆员一样参与到图书馆的建设中。

智慧馆基于云计算大数据技术和IoT（物联网）。为了达成多馆之间的文献互通互联，实现各系统间相通、各部门之间数据互联，借助不同媒体之间的数据集成和认知服务完成集群管理。通过数据与信息的汇总和完美转化、远距离传播，达到密集展示、快捷接入的目的。靠着大规模式集成平台，信息的角度从每一个点可以扩大到每一个线和面，达到线路交换、区块接触、区域与不同区域之间的交流以及智能运营的目的。要想对图书馆的服务进行改变，一定要依托物联网的智能技术。

（三）共建和共享原则

想要建设一个整合全国的智能馆藏系统，仅仅依靠个别图书馆是远远不够的，所以这一目标没法短期达成。多个智慧馆之间的数据馆藏共建共享，可以共享资源，并快速丰富馆藏资源，尽量满足读者的需求。智慧馆作为这个系统中的最小单位，如果要在最短时间内完成泛在化的智能建设，一定要建立一个相互帮助的互联系统，通过信息互联共建，将自己的馆藏资源贡献出来的同时，也获得了其他馆里的智慧信息资源。为达成数据资源的互联共建，每个智慧馆之间可以相互合作，如国内的 CALIS（China Academic Library Information System，中国高等教育文献保障系统）等。一方面，某些地区的图书馆结成联合体、馆藏、数据库等，用比较低的购买价格从书商和服务提供商处购买资源，这不仅节约材料，还提高了书籍的使用率；另一方面，每个智慧馆可以通过资源共享、技术共享等，在建设数字化图书馆的过程当中减少资源的重复购买，降低成本，还可以拥有倍增的服务资源，从而加快图书馆的智能化构建。

二、高校智慧图书馆建设的内容

（一）电子读者证

用户进出馆舍须凭借载有集个人身份信息、个人教育信息、门禁、消费、借阅记录等多功能于一体的"电子读者证"，读卡设备可以将读者在图书馆内的个人行为（比如进入离开时间、次数、借还书目记录、借还时间记录等）存储在后台当中，给每一位读者建构信息数据库，以便于馆员信息管理及用户行为分析。

新许可的读者进入图书馆以后，须在服务台或者自己的手机里输入身份信息及一些其他信息，建立一个新的读者证号码和二维码，然后通过短信、微信或者电子邮件的方式发送给用户。图像是电子证书，可以节省卡的成本。电子证书不存在丢失所导致的更换证书的问题。此外，电子注册可以简化用户的操作流程，还可以节约纸质资源。读者还可以在网站上填写注册信息，图书管理员在后台批准申请后，完成的个人注册信息将发送到读者的手机中，以便今后入馆出具。这有效地节省了读者时间并简化了发布和认证流程。

目前，这种电子读者证可以与微信或支付宝合作，绑定到微信卡包或者支付宝卡包中，借助微信支付或支付宝来进行用户缴费。比如，浙江图书馆就与支付宝合作，把电子读者证放在了支付宝卡包中。

(二)自助借还系统

图书自助借还系统的核心是以条形码或射频识别技术、网络传输技术和软件工程技术来实现图书的自动借还自助管理。根据学者肖焕忠的研究,当下图书馆的自助借用和返还系统包括以下两种类型:条形码识别和无线射频识别。[①] 条形码识别模式具有标签价格便宜、抗干扰能力强的特点,而且图书馆现有的书目无须更换条码。射频识别模型仍存在一系列问题,如投入成本高、替换现有书籍、图书馆系统升级等。尽管近几年射频识别标签的成本已经由几元钱一张下降至几分钱一张,但是对于图书馆数量巨大的藏书来说仍然是一笔不小的开销,况且更换条码的人工成本还没有计算在内,所以现行最好的模式就是条形码和射频识别码通用。自助借还系统硬件有电脑终端、读卡设备、条码扫描设备、书籍充电和消磁设备以及书籍监控器。该系统主要包括自助借还系统、自助借还机系统、管理系统和自助设备界面。当用户申请借书时,系统读取图书证的相关信息,判断读者是不是允许借书人(有没有过期图书、拖欠欠款等),然后提示读者在指定的位置放置图书并扫描书的条形码。

在现有水平上不断升级和完善以射频识别技术为支撑的自动借还系统,加设摄像头监督设备以及书籍破损、乱涂的即时检测设备,在后台记录用户的行为是否合法,执行赏罚机制;自动借还系统在每天的排队时段规定借还时间,以减少读者的排队时长,从而体现服务的人性化。依托物联网、射频识别技术来达到对书籍的全自动管理可以大大减少馆员的工作量,提升工作效率。2002 年 11 月,新加坡国家图书馆全面应用射频识别技术建设了全球第一个智能馆。2005 年 11 月,东莞市图书馆开创性地设置了自助借还处;近年来,全国各大图书馆尤其是高校陆续开启了图书自助借还功能,这也标志着智慧图书馆建设迈出了第一步。

(三)智能书架系统

如果说自助借还系统是为了方便读者、解放馆员的劳动力,那么智能书架系统可以说是图书馆馆员的"眼睛"了。不过目前智能书架系统只能通过射频识别技术来实现,所以在全面普及的道路上还有一段路程要走。传统的库存方法要求

---

① 肖焕忠:《我国公共图书馆基本服务的发展态势与路径选择》,《图书馆》2011 年第 3 期。

管理员对条形码扫描设备进行一次扫描，并且根据他们自己的记忆对书籍进行分类和存储，这是耗时长且难以实现的。根据射频识别的空间定位功能，使用射频识别库存系统不仅可以轻松找到不在货架上或摆放杂乱的书籍，而且可以快速重新确认货架的位置，实现多本图书扫描，减少图书库藏和搜索工作量。首先，在每个书架和每一册藏书上装置射频识别码，之后，使用射频识别读写设备对放置的射频识别标签扫码，就可以获取所查询馆藏的具体信息。智能书架系统利用射频识别阅读设备，进行在架位置定位和书本位置定位。通过这个系统，工作人员可以及时发现某书是否被借用。智能书架在整个智慧图书馆系统当中的首要作用是帮助读者和馆员准确定位图书并且搜索图书。整个系统可以分为三个模块：数据采集、数据服务和用户服务。

数据采集模块：系统使用UHF（特高频）标签和阅读器来实现硬件架构。每本书都附带有射频识别码，其中包含书籍的基本信息和初始货架位置。每个书架都有多个天线阵列组，可以识别多个标签。天线多路复用器通过后台开关来控制端口，进而实现监视和控制天线，以及射频识别读写设备的连接状态，从而使读写设备能够精确扫描书目射频识别码。

数据服务模块：这个模块是智能书架系统的数据库。射频识别读写设备读取的信息通过内部传输系统或数据线传输到数据库。其中包含书籍本身的基本信息、书架的基本信息和书目是否错放的信息。数据服务器要处理这些信息并进行深层次的数据二次挖掘。

用户服务模块：用户服务部分主要显示后台管理系统的查询界面。它在系统中的主要作用是向读写器发送控制指令并控制天线的辐射区域。将射频识别技术的智能书架系统广泛应用，一方面可以减少工作人员的日常工作内容，提高智慧馆的管理水平；另一方面，它可以确保图书馆为用户提供更加便捷和人性化的服务。

（四）基于大数据的用户行为分析

用户行为数据分析，主要针对用户检索的信息、借阅书目的信息、下载的文献资源信息等，从而得出用户的需求，进而调整馆藏资料分配，完善图书馆的定位服务，最终进行个性化服务，从而提高用户对服务的满意度。智慧馆的"智慧"

要以每个用户的感受和理解为准,特别是智能知识信息服务。

智慧馆的读者不仅有图书馆的访问者,也含有部分无法来访图书馆的读者。图书馆会深入挖掘和分析读者的访问、离开、借阅、下载等信息,来了解读者的借阅习惯,如属于哪个学科的范围、喜欢的书目、研究课题等,作为提供情报的手段,用来实现个性化消息发布、学科信息导航等。用大数据对读者的行为进行研究一定要连贯系统,而且要有科学的方向指引,这才是一切智慧服务的基础和根本。如上海交通大学图书馆,对毕业学生的个人信息进行了深入的挖掘,为每一位毕业生提供了自己的大学期间借阅信息的大数据整合,使得每一位毕业生在离校之际满怀感动。在大数据分析的同时,还要将学校各个系统的数据进行整合,如每个毕业生的借阅书目、来馆次数、到馆时间、下载数据等,同时为毕业生提供毕业就业咨询服务。信息可以以各种形式呈现,如小页面等,既体现了情怀,又有实际效果。

(五)基于大数据的资源数据分析

图书馆里储存着大量的数据资源,通过对纸质资料进行分析,还有专利信息、科学数据等大数据信息,有利于科研人员跟踪研究热点,对科学前沿进行有效预测分析、主题评估等,同时也能为科研人员提供参考依据。通过分析馆内业务信息(包括访谈、咨询、文件传递、信息搜索、数字资源采购信息以及多种管理信息等),可以了解图书馆的资源分配情况并将其有针对性地发布出去,完善服务内容,最大化收益,确定优先事项和将来发展的计划,优化服务流程并为智慧馆开发决策和规划提供有效的数据支撑。在大数据时代,信息爆炸式发展导致各学科和学术界发生着日新月异的变化,使得大型信息源的收集、分析和整合成为可能,因此需要对每一位用户进行数据分析,准确处理不同读者的多种需求。

在智慧馆的用户服务中,提取和提供个性化信息和知识推送是其核心部分。建立以学者为核心的知识网络,聚集和整理大量文献资料,在用户检索目标信息的时候,准确、全面地获取以此关键词为中心的相关信息资源,包括目标的自然信息、教育背景信息、科研团队简介、学术科研成果、论文、出版书目、相关作者和其他主要信息,为读者提供高效的科学研究保证。

第四节 高校智慧图书馆建设的问题与对策

一、高校智慧图书馆建设中的主要问题

（一）配套政策与规范的缺失

智慧馆的建设涉及许多方面的系统体系建设，这就要求有很大的数据信息流作为支持。在信息数据流中，信息的安全能否得到有效保障、如何对信息流进行规范管理，都是首要面临的问题。智慧馆需要处理许多电子资料，在相应的法律法规保护下，知识产权问题也摆在首要位置。因为数据流中存在许多用户的个人隐私，需要给予有效的保护。对于这些问题来说，一个规范的标准的出台是当务之急。所以，为了保护用户的个人信息和馆内的资源安全性，相应的政策和法规是必不可少的。

（二）数字信息资源相关问题

在我国图书馆界，尚不存在一个统一的信息搜索标准及文件保存格式，导致数据管理无法有效进行。各个国家数字图书馆没有统一的网络服务系统，数字信息资源不集中。智慧馆之间的资源分配不均匀，无法实现高效共享。因此国家范围的建设和服务模式普及、数字信息资源建设有必要成为一个关键任务。

（三）支撑平台与技术问题

智慧图书馆的构建要依托自动化的后台。在构建新图书馆时，正常使用的物理设备等外部设备，还有数据处理后台、数据服务系统都依靠高科技的改造。使用 VR（虚拟现实）技术、物联网技术、数据发掘等技术，以实现原有的馆内资源和新的智能设备之间的链接。比如说在数字馆中，基于条形码和防盗磁条技术的 ILAS（图书馆自动化集成系统）以及射频识别标签技术的合作，共同构建了书目管理系统的后台。图书馆的咨询服务需要依托各类信息数据库、数据分析系统而运行，这些都对系统规模有一定的要求。当下有关的科研成果还在理论层面，至于全面建立在国内的图书馆支撑平台，还需要一段时间。

(四)建设成本问题

要建设一所智慧图书馆,最大的问题就是资金,从每一个小小的射频识别标签,到整个图书馆的智能设备购买,都需要很大的资金支持。目前射频识别标签的单价在 0.1 元人民币左右,但是对于图书馆巨大的馆藏量来说,这仍然是一笔不可轻视的开销。而且还要配套相应的读卡设备,一套下来也是上千万元的开销。另外,智慧图书馆还要引进大批量的数字图书资源,版权的购买又是一笔不小的开销。这些都具备以后,还需要对新时代的智慧图书馆馆员进行二次学习培训,以配合智慧图书馆的管理。这一切都预示着巨大的经济开销。

(五)馆员队伍建设滞后

硬件设施仅仅是一个开始,智慧图书馆的灵魂是智慧馆员,馆员代表着图书馆的活力与智慧。但是当前我国并没有一个标准规范的图书馆馆员资格培训系统,缺乏一个专业的认证系统,这导致了图书馆的服务质量无法得到保障。图书馆馆员队伍建设滞后制约了我国智慧图书馆的发展脚步。

二、高校智慧图书馆建设的对策

(一)制定相关法律法规及政策

我国缺乏图书馆建设相应的法律法规,所以应该尽快落实相关的章程制定,保护用户的隐私安全,我们应根据有关政策法规发展智能图书馆,创造良好的政策环境。另一方面,还可以让图书馆与各种公益组织等进行战略合作,并获取政府的财政支援。为了图书馆行业的发展,应推动国家图书馆流程的规范化,在管理方案、程序设置、资金、民众参与、推广推介、数据公开等方面与国际接轨,并且形成中国特有的工作流程规范。这样标准化建设的推进也将强化中国图书馆在全球图书馆界的发言权,促进图书馆人才的培养。

(二)资源共建共享

资源共建共享是图书馆运营的根本。智慧图书馆中不仅应配置公开的网络数据、纸质书籍、数字图书资源,还应有馆内实物的智慧模块。该智慧模块中存储着具体的信息，于是该个体就变成了一个独一无二的目标。图书馆的网络将依托大数据构架，共建共享馆内各种资源，使每个馆的藏书量增加，为各个馆之间提供合作的机会，以此来迎合用户对图书馆的具体要求。创建精选集合和本地资源，图书馆应该知己知彼，了解各个馆的具体服务流程，优化个性服务方式，建立个性化的服务流程，最终实现对用户的最优服务。在当今的信息时代，每个图书馆都应该努力去构建数字图书资源，而巨大的数字图书资源应该整合多个馆的馆藏，建立图书馆合作联盟，所以资源的共享是一个图书馆智慧建设中的大势所趋。

（三）创新技术开发及应用

图书馆馆员是否对一个新技术感兴趣，有没有一个好的面对态度对图书馆的将来发展是至关重要的。所以信息技术的使用与否格外重要。图书馆新技术的应用、自动化管理系统向自助服务的转变，解放了馆员的体力劳动，突破了服务的时空限制，促进了专业系统的开发，如学术服务、馆内服务和信息化服务。这些技术的使用和开发可以大大加强图书馆的智慧建设，进而提升物联网技术下智慧图书馆的服务优化水平。

图书馆不擅长对新技术、新系统进行研究开发，它只是一个信息服务的社会机构。但是图书馆馆员不可以故步自封，仅仅把新技术拿来应用就万事大吉了。新技术、新系统的开发离不开图书馆馆员的日常应用，所以馆员也可以是新技术的联合创作者、发明者。

第三章 高校智慧图书馆服务体系建设

本章内容为高校智慧图书馆服务体系建设,介绍了三个方面的内容,分别是高校智慧图书馆服务体系的内涵、高校智慧图书馆服务体系的基本构成及高校智慧图书馆服务体系建设的路径研究。

第一节 高校智慧图书馆服务体系的内涵

一、高校智慧图书馆服务内容

图书馆的各项工作,围绕图书馆服务形成了一个内容丰富的完整的工作体系。其中,研究与组织读者是开展一切读者服务工作的前提条件和基础;科学组织各项服务工作,构建层次分明、体系完整、灵活多样、富有生机的读者服务工作体系,能够促进图书馆读者服务目标的实现,也能够从根本上实现图书馆的社会层面价值;组织各项宣传辅导活动,开展卓有成效的读者教育,是提高读者素质、增强信息能力的主要渠道;加强对图书馆的管理,能不断地给读者提供更优质的服务,进而实现其文化价值。

(一)研究读者与用户

图书馆在开展服务工作之前,需要对读者的行为有所研究,包括研究读者的文献需求和阅读规律两个主要方面。读者是图书馆这个社会组织的基本组成要素之一,是图书馆得以存在的根本。读者对图书馆的文献信息的需求和利用,最直接、最具体地体现了社会的需求,同时也成为图书馆工作的出发点和归宿。

在进行读者研究的过程中,需要从更深的层面体会读者的需求,从而提升图书馆的实际服务水平,并对读者的动机加以正确引导,不断改善和拓展为读者服务的方式和领域，提高图书馆服务工作的质量与水平。

1. 读者的文献需求研究

研究读者的文献需求就是对不同层次的读者在阅读需要、阅读目的、阅读过程中的特点及其规律进行研究。一般来说，不同层次的读者对信息资源的需求不同，读者在不同时期所需要的信息资源不同，其阅读的目的也不完全相同。此外，现代图书馆还需要特别关注读者对不同类型文献的需求差异、不同渠道获取信息的差异，以及不同信息环境下的文献需求差异。

2. 读者的阅读规律研究

这方面的研究可以从两个方面着手。一方面，对读者心理及行为规律进行研究，即对读者在鉴别、提取、利用信息过程中的行为习惯和阅读规律进行研究。它既包括对读者阅读动机、阅读兴趣、阅读能力和阅读习惯的研究，也包括对读者的文献选择行为和文献获取行为的分析、对读者使用各种类型信息资源特点的研究、对读者阅读效果的评估等。另一方面，要对读者的信息素养及信息意识进行研究，包括社会的发展与变化对读者文献需求意识的影响、社会环境与读者需求结构的关系等。

（二）组织读者

组织读者是图书馆为实现服务和管理目标而围绕服务工作实施的管理措施。它的主要任务是组织与发展读者队伍，包括确定读者服务范围与服务重点、制订读者发展规划与计划、定期发展与登记读者、划分读者类型、掌握读者动态、组织与调整读者队伍等。

组织读者的工作应围绕图书馆的任务变化和环境变化，不断研究和掌握读者变化而展开。只有把握了读者的阅读规律，掌握了读者的阅读需求，才能使图书馆服务与读者的需求相吻合，让图书馆更好地服务于读者，这也是完善管理系统以及工作程序的方法和途径。

发展读者队伍是组织读者工作的一项重要内容。拥有规模化的读者群体是图书馆一切工作的前提。只有拥有了大量读者，图书馆的资源建设、服务管理才会有明确的目标，才能通过大量的高水平服务实现图书馆的社会价值。

不同类型的图书馆发展读者的重点和发展方式有很大差别。高校图书馆是为本校服务的信息机构,因此高校图书馆的读者成分比较单一,主体是本校的师生员工,其读者的确定和发展通常可通过读者账户注册实现。学校的教职员工只需进行简单的读者登记,由图书馆发放标明其基本身份信息的借阅证,就可以成为图书馆的正式读者。研究单位、机构等图书馆的读者发展方式大体与高校图书馆类似。而公共图书馆是面向某个行政区域内所有公众的,因此公共图书馆的服务对象十分广泛,读者的构成也比较复杂,需要在有服务需求的个人或团体向图书馆提出注册请求的基础上,由图书馆根据办馆的方针、任务、规模和条件以及读者的阅读需求特点等确定是否授予申请者享受本图书馆的权限。只有符合本馆读者发展条件的申请者,才能通过注册成为正式读者。

受读者文化层次、信息需求、年龄、职业等各种因素的影响,每种类型的读者对图书馆都有自己不同的期望。不同类型的图书馆有自己发展的侧重点,资源、人员、环境和经费也有区别,图书馆需要在研究读者的基础上,通过制定不同类别读者使用图书馆的权限规则,以及读者管理系统的身份认证与权限管理,将庞大的读者群划分为在某些方面具有需求共性、使用行为共性的读者群体,从而在普遍服务的基础上实现针对不同需求的差别化服务。

对读者进行细分与管理的成果一般都通过图书馆的读者注册与身份认证管理系统来加以固化。这些成果既是了解读者、研究读者的重要资料,也是图书馆开展一切工作的基础数据,更是评估图书馆的绩效、制定发展规划、进行服务与管理改革的重要基础。

(三)组织服务

充分利用图书馆的各种资源,在深入研究和准确掌握读者需求的基础上,通过组织开展多层次、多角度的全方位服务,最大限度地满足对文献有需求的读者。图书馆服务的目的就是以读者为重点来实现图书馆的社会价值和服务目标。

图书馆服务是图书馆各项工作的外在表现形式,也是图书馆中最具活力、最富创造性的工作。图书馆的服务工作内容较广泛,不仅有增加服务方式、扩展图书馆的服务范围,还有提升读者的实际获得感和体验感,从而提升读者的阅读能力和知识水平。图书馆的服务方式不仅取决于图书馆自身的性质和规模，也由读者的实际需求所决定，而且图书馆的服务水平也处在不断的变化当中。

图书馆传统的服务方式是根据读者的实际需求，利用馆藏资源、馆舍设备以及环境条件，有区分地开展各项活动来提供服务，其中包括检索服务、咨询服务、复制服务、阅览服务、文献查询、外借服务、定题服务、编译服务、报道服务、展览服务、情报服务等。由于读者需求具有广泛性、多样性和复杂性，图书馆应根据自身特点，以这些服务方式为基础，组织建立起多类型、多级别的综合服务体系，有效地满足各类读者对文献的需求，能够给予读者在学习、研究以及工作各个方面所需要的资料文献和各种文化信息。

随着信息浏览环境的不断变化，图书馆也在不断提升自己的服务水平，并取得了一些成效，如网上读者调查、虚拟参考咨询、自助借阅、文献下载、全文浏览、资源检索、资源导航、特色数据库、移动阅读、用户文件上传与共享、个人学习空间、用户意见征集与实时交流等。

总之，图书馆服务的组织应根据本馆的具体情况和社会发展水平来决定，也就是使用最低的时间成本和资金成本，实现提升信息资源利用率的最终目的。

（四）宣传辅导

图书馆的职能中，也有教育领域的相关职能，包括读者的宣传辅导工作等，在开展读者的宣传辅导工作时，要注意读者宣传、读者辅导、读者培训三个方面的内容。

1. 读者宣传

读者宣传是图书馆对读者进行科学管理的基本手段之一。主要是通过宣传，把各种与信息资源、先进思想、科学知识及职业技术有关的专有名词提供给读者，让读者更方便地找到自己所需要的资料，更好地利用图书馆的资源。

2. 读者辅导

读者辅导是指针对不同读者的具体情况，有区别地为读者答疑解惑、排忧解难。读者辅导要求图书管理员了解所有的图书信息、图书馆管理体制，并且了解读者的行为习惯和信息需求；在读者利用图书馆各项服务的过程中，能够引导他们合理高效地运用图书馆的资源，并且能够对读者的阅读范围产生影响，有针对性地为每位读者提供帮助和信息技能指导，以促进读者更好地获得知识，提高阅读能力及阅读效果。

3. 读者培训

读者培训是指根据不同读者群体的共性需求，通过开展讲座、参观活动、课堂教学等多种方式，帮助某一读者群体加强使用图书馆及其资源的技能，进而提高图书馆资源的利用率。培训读者主要从两个方面入手：一是培养读者的情报意识，激发他们利用图书馆的欲望，使他们自觉地认识到图书馆是自己的良师益友，是终身学习的场所；二是让读者拥有正确的使用图书馆检索信息的技能，能够让他们有效利用图书馆的资源。

（五）服务管理

服务管理就是对图书馆内不同部门的业务内容开展的科学、合理的组织管理，具体包括读者服务对象管理、读者服务人员管理、读者服务设施管理三个方面。它涉及制订读者发展计划、服务机构设置、岗位设置、人员配置、明确岗位责任、建立健全各种规章制度、人员分工与业务流程设计优化、完善服务体制、采用先进的设备与技术手段、改进服务手段、合理组织藏书等工作。服务管理能为读者创造良好的环境和条件，方便读者有效利用图书馆资源，保证图书馆服务工作健康地向前发展。

二、高校智慧图书馆服务的特点

在图书馆的建设与发展中，计算机网络技术的进步与广泛应用从根本上给图书馆的服务观念和服务方式带来了巨大变革。技术的进步改变了图书馆的资源建设模式，开拓了图书馆的服务领域和方法，也促进了图书馆在信息资源共建、共知与共享领域的全面合作。随着社会的发展，科技水平日新月异，计算机和互联网快速普及，图书馆的服务呈现出了新的特点，主要内容如下。

（一）服务虚拟化

随着现代信息网络技术的广泛应用，建立在虚拟馆藏资源和虚拟信息系统机制上的新型信息服务模式逐渐形成。这种虚拟化的服务彻底改变了以文献信息资源为主的传统图书馆服务模式。图书馆的服务状态一直都是虚拟动态的，基于网络的传播，图书馆才能更好地使用计算机互联网来对其资源进行有效的管理，不但可以自创，同时也可以利用电子邮件资源、网络新闻资源、FTP（文件传输协议）资源、WWW（万维网）资源、Gopher（信息查找系统）资源等多种互联网资源。这些资源虽然大都是无形的、即时的，但突破了时空限制，图书馆能够给予读者的已经不仅仅是纸面上的资源，还能够通过计算机网络来实现虚拟化，让读者享受更好的服务，获取更丰富的文化资源（由面对面的阵地服务转变为面向虚拟读者、虚拟环境的服务）。其实质是图书馆由向具体人群提供实体文献服务，转变为向非具体化读者提供虚拟的数字服务。

（二）文献多样化

在图书数字资源数量不断增加的背景下，图书馆中的文献信息资源的种类也得到了丰富，如今已包括网络化信息资源、电子出版物、联机数据库等。读者已经不再依赖传统的印刷型文献，而是将目光转向了不同类型和种类的数字资源。同时，以现代视频技术为手段而大量涌现的数字视频信息资源，也为人们获取丰富的多媒体信息创造了条件。因此，文献的多样化对于读者来说在一定程度上满足了读者在文献保存、信息交流上的需求。

（三）信息共享化

由于互联网技术的不断发展，人们利用图书馆获取信息的习惯也发生了较大的变化。人们过去通常会在自己常去的图书馆进行信息的获取服务，到了现在，人们开始通过整个图书馆联盟获取自己需要的资源，信息资源获取的范围得到了充分的扩展。图书馆已经不再是一个单独的信息个体，已经成为信息网络中的一个节点。图书馆之间的信息共享服务有了越来越大的空间和自由，其交互需求与作用也越来越大。共享思想与共享技术使信息资源共享服务从来没有像现在这样成为现代图书馆服务不可或缺的有机组成部分，从而使真正意义上的信息资源共享成为图书馆服务的重要特征。

(四)需求个性化

随着经济社会发展对信息需求的深度和广度的日益提高,读者对信息的个性化服务需求越来越突出。而图书馆通过专业馆员队伍素质的提升、现代信息技术的广泛应用以及信息综合保障能力的快速提高,为读者提供了定制化、自助性、全天候的个性化服务,这已成为现代图书馆读者服务工作发展的主要方向。在这样的服务过程中,读者的自主性和个性得到了满足。这种个性化的服务正逐渐成为图书馆界追求的服务新理念。

(五)交流互动化

图书馆借助网络与通信技术,与读者建立起了十分便捷有效的交流关系。一方面,图书馆可以及时、准确地掌握读者的信息需求动态;另一方面,读者也可以自由地向图书馆表达具体的信息需求。图书馆从读者的实际需要出发,经过搜索、过滤、加工、整理等步骤,形成信息集合,以多种途径与形式主动地将这些信息发送到用户终端,满足读者的信息需求。读者足不出户就可直接、快捷地从图书馆获取自己所需的信息,减少了操作的盲目性。同时,读者还可以把个人的文献资源通过信息共享空间等渠道上传后提供给图书馆和其他读者,使图书馆与读者双方建立起通畅的互动交流机制。

(六)服务多元化

在当代,网络服务平台得以形成发展,其建立借助了网络信息处理技术、远程通信技术、计算机技术。网络服务平台在实质上改变了图书馆的控制调度情况、信息资源开发状况,不仅能够提升读者获取相关信息的效率,还能够进行一站式的集成化服务,也就是实现信息的快速交流、查询、获取和阅读。在空间上,用户不仅可以到图书馆享受比以往更优越的读者服务,更可以不用亲自去往图书馆,在任意地点都能够进入图书馆的主页,获取自己想要的信息,拉近信息与读者的距离。在时间上,读者能够不受时间的限制访问图书馆,并且可以在同一个时间点进入多家图书馆的网页,通过搜索、筛选,获得自己认为最需要、最合适的信息资源。图书馆服务呈现出多元化、立体化、全天候的特征。

第二节　高校智慧图书馆服务体系的基本构成

图书馆服务体系等同于读者服务方法的体系，它是一个有机的整体，由多种服务体系共同组成。图书馆服务体系中包含了用户教育服务、参考咨询服务、馆外借阅服务、馆内阅览服务、文献外借服务等。不同种类的服务具有的功能和产生的效果都是不同的，在服务方法体系内部起到的作用也是不同的，而且它们之间能够相互影响、相互渗透。

一、外借服务

外借服务是图书馆传统的服务方法，是指图书馆根据读者的不同需求，允许读者将文献带出图书馆阅读。这种方法满足了读者集中时间阅读、利用馆藏文献的需求，因此它是最常用的读者服务方式。

读者非常喜爱外借服务这一方式，因为外借服务为读者提供了较大的便利。馆藏文献从图书馆中借出之后，读者可以从自己使用信息的目的出发，随意安排文献的阅读时间和空间。在读者的实际需要下，不仅能够在办公或者学习的环境下阅读，还能够在更为舒适的环境下阅读。外借服务的显著特点是自由安排、独立使用。但是外借服务也存在一定的缺点：有些馆藏资源是不能够外借的，而有一些文献按照图书馆内的规定是不能够借出的，能够被读者借出的资源，也存在着一定的借阅限制，如文献册数、文献借阅时间、借阅品种等。所以，图书馆不能够单一地依靠这一种服务方法，还应该为读者提供多种类型的服务方法，从而提升读者的阅读体验。

二、阅览服务

阅览服务是一种组织读者在图书馆内进行文献阅读的服务方式。阅览服务为读者提供的文献资料较为充足，许多库本文献、特种文献、工具书、期刊等不能够外借的图书文献都能够在图书馆的阅览室中阅读。阅览室中的图书很少向外借出，只能在图书馆内进行阅读，阅览服务不仅能够提升图书馆内文献的使用效率，还能够满足读者日渐提升的阅读需求。图书馆的工作人员还能够根据图书文献的借阅情况，统计出读者的阅读需要，从而在真实数据的基础上，开展图书馆内的读书活动，以更专业的视角为图书馆的读者提供服务。

三、参考咨询服务

（一）口头咨询

口头咨询服务是指工作人员针对读者提出的相对简单的问题以口头形式予以回答的服务活动。它多用于一般性的事实或知识性答询，多为精确度要求不高、内容比较简单的问题，工作人员无须经过查询即可当面向用户解答。口头咨询的内容没有预见性，这就要求工作人员具有较广的知识面和灵活的应对能力。

（二）电话咨询

读者如果在图书馆外，可以通过电话咨询的方式获取自己需要的信息。电话咨询能够快速解决读者的问题，从而为读者提供及时的服务。电话咨询的服务方式也对图书馆工作人员的心理素质及综合能力提出了挑战。

四、文献传递服务

文献传递服务也是信息服务的一种，它能够通过一定的方式将文献提供给读者。它是从馆际互借发展而来的一种服务。传递的文献范围包括图书、期刊论文、专利文献、学位论文、会议文献等。

文献传递服务可分为人工传递和电子传递两种类型。

人工传递就是传统性质的馆际互借，一般通过邮寄或读者亲自到情报部门查找文献。这种传递方式速度较慢，并且文献一旦借出，其他用户就无法使用该文献。

电子传递方式主要是通过计算机、传真等现代化信息传递设备向其他远程用户提供文献信息，读者借助互联网和其他信息传递设备在异地就可以使用共享的文献信息。这种服务形式不仅效率高，而且信息资源可以多种形式传递，如文本、图形、声音等。

五、定题服务

定题服务（Selective Dissemination of Information，简称 SDI），是图书馆在特定的科学领域内，为相关读者群体提供文献及资料的一种信息服务。它的优点是针对性强、传递信息及时。定题服务又可分为标准 SDI 和用户委托 SDI。

（一）标准 SDI

标准 SDI 是指信息机构在广泛调查社会信息需求的基础上，从中选择一些使用范围比较广泛的学术课题，使用通用的提问文档，收集读者的意见，或者将有关学术的课题资料进行编印，最终提供给读者用户，满足读者的信息需求。

（二）用户委托 SDI

用户委托 SDI 是指用户借助相关信息机构的力量，建立起具有专门用途的提问文档，然后由专门的信息机构为用户提供文献服务。这种服务可使用户及时了解和掌握有关专题的研究现状，并能帮助用户一直追踪课题研究的最新发展动态。

六、代查代检

代查代检是图书馆根据各类读者或用户的检索要求，代其进行的文献检索服务。检索请求一般以本馆所拥有的信息资源能满足读者需求为前提，在特殊情况下可代替读者或用户去其他信息机构或图书馆查询。代查代检包括论文收录及引用检索服务、查找课题相关文献、委托检索服务。

七、学科导航

学科导航服务是一种信息的收集和整合服务，图书馆利用学科导航服务，从不同的学科专业领域出发，为用户查询学科中的相关文献资源，提升读者寻找资料的效率。文献的整合在图书馆界有着专门的定义，也就是将没有组织秩序的图书馆文献信息按照一定的知识安排规则整理在一起，使得图书馆内部的文献信息成为组织性较强的有机整体，并形成一个文献信息服务体系，从而提升读者的使用效率，提升图书馆的服务质量。

八、科技查新

科技查新服务的开展主体是具有业务资质的相关机构,这些机构在《科技查新规范》的要求下,按照查新委托人的要求进行科学技术内容的操作,操作的手段包括计算机检索、人工检索等,检索的对象是科技领域的相关文献。在检索出文献的结果之后,使用综合分析及对比的方法,客观公正地对科技项目的新颖性进行对比,从而为专利申请、项目评奖、成果鉴定、科研立项等活动的开展提供文献方面的支持,更好地为读者提供公众性的信息咨询服务。

科技查新主要包括申请科技立项、科技成果鉴定、成果申报奖励、申请专利、技术引进、新产品开发等项目。

科技查新一共有三种类型的含义:对科研项目的实用性、科学性、新颖性进行综合的分析;鉴定科技成果的发展水平;检查科研项目的成果是否具备新颖性。

九、读者教育与培训

读者教育与培训,主要是指图书馆对现有用户或潜在用户进行情报意识和情报技能的教育,是图书馆和文献机构开展的培养、提高读者利用文献信息资源能力的教育活动。

十、其他服务

(一)文献复制服务

文献复制服务的技术基础是信息技术和文献复制技术。文献复制服务是一种为读者提供文献复制品的服务方式。文献复制服务是对阅览服务、外借服务的延伸,也是对其他服务方式的补充和发展。文献复制是图书馆开展信息服务经常使用的方法,也是文献等资料不断传播的重要手段。在高校图书馆,文献复制服务是一种非常普遍的服务方式。

(二)光盘技术服务

在现代化计算机技术、信息存储技术、多媒体技术的发展过程中,光盘是一种广泛使用的信息存储介质。光盘是一种利用激光来记录和读出信息的存储介质。光盘技术是一种利用光盘作为数据、文本、图像等存储介质的技术，是激光、现代材料、通信和计算机技术相结合的产物，具有海量存储、信息传输速度快、耐用、性能好、价格不高等优点。目前在高校图书馆馆藏中，光盘的存储量大大提高，各种影音资料、学习光盘等逐渐增多，在书刊中附加光盘的情况也越来越多。图书馆中一个重要的服务内容就是为读者提供光盘。在各大高校中，最常使用的光盘技术服务是图书中自带光盘的阅览服务。图书中自带的光盘有：计算机图书中的系统模拟环境、免费的应用软件、联系实例等，外语类或者艺术类图书的视频资料、声音资料、图片资料等，工程类图书中自带的应用软件插件、辅助教学软件，图书中的演示课件、教学光盘、电子版等，读者可以使用光盘中自带的资源进行学习，从而更好地理解课本中的内容。

目前，高校图书馆光盘技术服务存在多种形式，比较常见的有外借服务、内阅服务和网络服务三种。

（三）缩微技术服务

缩微技术等同于缩微摄影技术，缩微技术的介质是胶片，能够通过多种类型的工序，将文献中的文字、图像等内容按照一定的比例缩小，使文献呈现出缩微的景观，同时借助相应工具或设备，来进行阅读和复制使用。缩微技术的发展已经有100多年的历史，曾用于传递军事、经济情报等。由于缩微技术有信息存储量大、加工成本低、使用寿命长等优点，逐渐成为书刊资料的存储介质。

缩微文献资料是应用缩微技术，把普通文献资料上的文字、图像缩微复制在胶卷或平片上所构成的一种特殊形式的文献资料。由于这种文献比普通文献资料小许多倍，具有很高的缩微倍率，因此称为缩微文献资料。缩微文献资料不能直接用肉眼阅读，必须使用缩微阅读机，在阅读机的屏幕上阅读放大后的文字和图像。

在互联网技术不断发展的背景下，缩微技术水平也在不断地提升，迁移技术作为一种新的技术也随之产生了。迁移技术是一种复制的基础，能够帮助信息资料实现技术环境的转变。在迁移技术水平不断发展的背景下，计算机技术和缩微技术在同一种设备中也实现了技术层面的兼容，如不同型号的COM机、计算机扫描激光打印机、缩微胶片扫描仪等设备。这些设备的发展提升了计算机技术和缩微技术的水平，并优化了两种不同技术的使用体验。缩微技术从传统的形式中脱离出来，与最新的数字技术结合在一起，改变了缩微技术呈现影像的观看媒介，也就是从过去的阅读器转变为计算机屏幕。

第三节　高校智慧图书馆服务体系建设的路径研究

一、高校智慧图书馆服务体系建设现状

（一）重点高校图书馆服务体系建设情况

虽然高校智慧图书馆目前尚处于初步的发展阶段，但是已经取得了一定的成效，未来还有较大的发展空间。

如今已有很多高校图书馆开通了知识服务和移动图书馆服务，高校图书馆基本上已启动了云服务计划，还有一部分高校图书馆率先开通了空间服务和射频识别等服务，虽然我国高校图书馆在这两种服务的应用水平上还和国际领先的图书馆存在一定的差距，但是这两种服务有着较大的发展空间。所以我们说，当前我国许多高校图书馆都创新了智慧服务的形式，实践类型多种多样，但是服务的深度开展方面还存在许多不足。针对这种情况，南京大学开展了"智慧图书馆"服务、上海交通大学启动了 IC2 建设、北京航空航天大学对学校内部的图书馆进行了移动图书馆服务的改进，这些学校的图书馆服务拓展不仅提升了创新的水平，也取得了提高服务质量的效果。

1. 移动图书馆服务创新的实践情况

第一，更多的读者开始接受移动图书馆服务，使得移动图书馆服务的使用范围不断拓展。在过去，移动图书馆服务主要有 WAP（无线应用协议）服务、短信服务两种模式，服务内容基本上遵循过去，没有提升内容的质量和深度。在智慧时代的背景下，移动图书馆服务创新了过去图书馆的服务方式，将二维码、应用程序、无线应用通信协议等内容融入图书馆的服务之中，实现面向情景、面向时

五十的高校图书馆使用了LibGuides（大学图书馆服务体系建设）学科服务平台。重点高校图书馆都具备专题情报检索服务的功能，但是这些服务的智能化程度并不高，服务的层次性较低，功能性较差。专题情报检索服务的主要形式是定题服务、查收查引、科技查新等。

第四，在知识服务模块方面积极探索优化途径，勇于开拓创新。北京大学构建了集成、统一、个性化和特色化的知识门户，应用了知识发现系统——未名搜索，创建了知识导航系统和知识交互分享功能，在学科化知识服务方面大力促进学科服务的建设，建立学科馆员制度和学科博客。清华大学建立了学术信息资源门户，集知识导航、整合检索、一站式知识发现平台——水木搜索、个性化服务于同一个门户平台，在学科服务方面完善学科馆员制度，配备了学生顾问和教师顾问，构建了以学者为中心的知识网络。上海交通大学应用了先进的知识发现系统——思源探索，在学科服务方面除了组建学科馆员体系、创建学科博客和学科服务平台"大学图书馆服务体系建设"外，还构建了IC2创新社区，着力打造创新支持计划服务子品牌，目的是打造和形成"泛学科化服务体系"，通过学科资源保障体系建设、创新交流与互动社区、全方位学科咨询、走进院系、融入学科服务、信息素养教育、个性化学术服务等多元服务，形成大学校园泛学科化服务。对"985工程"院校图书馆的网站进行访问发现，其中将近一半的院校开发应用了"一站式"知识发现系统，大部分高校提供了联合虚拟参考咨询服务，还有部分院校图书馆应用了大学图书馆服务体系建设学科服务平台，少部分高校图书馆联合构建了基于Web2.0的知识交互分享服务系统。哈尔滨工业大学构建了基于知识应用、知识沉淀、知识创新、知识共享的读者社交网络。湖南大学基于学科服务建立了学科共享空间。重庆大学创建了读者个人知识社区——我的书斋。此外，绝大多数图书馆提供科技查新、定题检索等专业化情报服务。

3. 空间服务的开展情况

空间作为图书馆存在的主要形式，近年来逐渐得到国内高校图书馆决策者的重视。传统高校图书馆的空间服务形式主要是以提供自习室、会议室、阅览室等基本物理空间为主，而基于智慧时代高校图书馆真正意义上的空间服务是信息共享空间、智能空间、休闲空间、艺术空间、体验空间等元素的集合。

第一，总体来说空间服务的发展相对滞后，但已经开始引起关注并得到实践。国内高校图书馆开展基于空间服务的实践相对于国外来得较晚，服务理念相对落后，资金技术相对缺乏，用户在此方面的需求也没有得到有效挖掘和重视，因此当前国内高校图书馆空间服务的实践相对于国内庞大的高校办学规模和服务人群来说还很滞后，主要表现在建设数量少、规模小，实践形式单一，服务功能还不够完善。但是受到国外以及中国港台地区开放先进的服务理念的影响，高校图书馆在借鉴其实践经验的基础上，陆续开始空间服务的创新和建设。目前国内"985工程"院校图书馆中大部分图书馆开展了基于空间或场所的用户服务。尽管在建设数量规模以及实现功能上还存在不足，但是可以预见，空间服务在未来国内高校图书馆的建设中将逐渐得到关注和认可，并成为图书馆转型与超越的重要形式之一。

第二，信息共享空间（学习共享空间）模式是主要形式，实践形式较单一，推广力度较小。"985工程"院校图书馆的空间服务建设主要集中在信息共享空间的建设上，侧重于实体空间的建设，主要分为学习空间、电子阅览区、视听区、社交空间、知识交流空间、新技术体验区、展览区、报告厅、支持设备设施区等，主要提供多媒体服务、研究创新服务、学习辅助和休闲服务。而第三空间、智能空间的提法几乎没有，虚拟空间的构建相对不足，目前只有湖南大学图书馆在其学科门户网站中构建了网上信息共享空间，集学科服务网站、个人自愿共享空间、网上学术研究室和馆内协助管理平台于同一空间。

第三，在服务的宣传和推广方面力度不大。有些高校拥有信息共享空间的实体存在，然而在图书馆的网页上没有得到体现和宣传，有些虽然可以在图书馆主页上找到，但是却隐藏在使用说明或者二级、三级栏目下，用户很难在进入图书馆网站的第一时间获取相关服务的内容和信息。

第四，积极探索，勇于创新和实践。值得一提的是上海交通大学的空间服务建设，主要分为两大模块：IC1信息共享空间和IC2（创新社区）。其中创新社区又由创新社区创新支持计划和创新社区人文拓展计划两个子品牌构成，创新社区以创新支持计划形成"泛学科化服务体系"为目标，提供的泛学科化服务包括学科资源保障体系建设、创新交流与互动社区、全方位学科咨询、信息素养，走进院系，融入学科；创新社区人文拓展计划由阅读让校园更美丽、鲜活，思源讲坛和叔同讲坛，艺术走进校园，主题展览构成。此外，上海交通大学还为用户提供了新技术体验区、多媒体视听室（卡拉 OK 区、多媒体试验区、语音区等）、专业化会场服务等服务模式，是高校图书馆空间服务实践的典型范例。西安交通大学也开通了"I Library Space"服务。浙江大学的信息共享空间建设还有了专门的门户网站。此外，重庆大学的创新发现中心、电子科技大学的多媒体学习共享空间和华东师范大学的第三空间建设也值得参考和借鉴。

（二）一般高校智慧图书馆的服务体系建设情况

我们在对一般院校的图书馆运营情况进行调研的时候，发现我国部分一般院校的图书馆所设立的门户网站中，甚至有一些处于不可访问的状态。之所以开展相关调研，主要是为了了解在智慧时代背景之下，我国一般院校的图书馆服务体系建设状况。由此我们可以发现，这部分院校并不具备足够高昂的创新热情，也没有敏锐的创新嗅觉，甚至还有部分学校连与之相关的服务创新实践都不具备。经过总结，发现我国一般院校图书馆服务体系建设状况大致有以下几种。

首先，令人遗憾的是，一般院校内部图书馆服务建设并没有得到重视，难以适应时代发展，创新性不足，各种功能的发展比较滞后。现阶段若要建设智慧图书馆，对于一般院校来说是一笔不小的负担，毕竟其中涉及了人力、财力、物力等方面，相比于部分重点高校，在建设智慧图书馆方面，自身并没有足够的经费与人才储备，无论是政策偏向，还是图书资源的拥有或者馆藏的面积等方面都不占优势。这就导致很多一般院校并没有意愿对图书馆进行适应时代的创新升级。

其次，现阶段正处于智慧时代，与之相关的各种先进的创新理念已经得到了人们的重视，并开始了局部尝试。本书统计了全国 29 所院校图书馆各服务创新项目的实施状况。值得注意的是，在被调查的院校当中，最受重视的服务项目主要有两种，分别为智慧服务与云服务。除此之外，移动图书馆服务次之，只有少数一般院校的图书馆开设了物联网射频识别服务与空间服务。之所以出现这种明显的分层次的情况，主要是受到前文所说的不同的图书馆自身的经费、人才储备等方面的影响。总的来说，虽然很多普通院校图书馆在服务创新实践上并没有重点高校图书馆积极，但是智慧时代所诞生的服务创新理念已经被越来越多的人关注并开始实践。

再次，在服务方式这一方面，我们可以明显发现，多数以移动图书馆服务为重点，其余服务创新方式比重不大。移动图书馆占比过半，标志着移动图书馆服务近年来在一般院校图书馆中受到了更多关注，已经达成了基本共识，之所以出现这种情况，有很大一部分原因是现阶段的移动通信技术已经足够成熟且普及。值得注意的是，除了移动图书馆服务，知识服务与云服务也得到了较为普遍的应用，因为知识服务基本上是从信息服务过渡过来的，高校图书馆服务以信息服务为重心，因此它的高覆盖率是自然而然的。而在云服务方面，因为云服务在建设过程当中大多数是一些国家性或者地区性的项目，规模较大，所以会惠及较多的高校图书馆，由此也就带来了云服务的高覆盖率。

最后，服务内容在深度与广度上表现得较为欠缺与单一。关于移动图书馆的服务，很多一般院校图书馆所使用的是超星公司出品的移动图书馆系统，尽管其中有着大量的信息资源，但是并没有为用户提供具有足够针对性的服务内容；关于空间服务，在所有被调研的院校当中，只有上海师范大学图书馆能提供信息共享空间的服务，该校图书馆通过联合电子教室、阅览室、多媒体制作室等方式实现了网络的互联，并且还向用户开放海量的资料以及计算机的硬件设施；关于知识服务，主要表现形式有两种，分别为学科服务与专题情报服务。值得注意的是，专题情报服务受到众多院校的青睐，纷纷开展相关检索服务，还有一小部分院校图书馆提供的是整合后的统一平台，用于网站首页资源检索，除此之外，少数院校的图书馆也设立学科馆员服务制度，相比之下，能够提供虚拟参考咨询服务或是建立学科服务平台的院校更是凤毛麟角；就射频识别服务而言，其中的自助借还服务是唯一能够被各院校关注的服务内容，但是选择开通相关服务的极少；就云服务而言，服务形式较为丰富，如可以建立云数据库，方便进行各类资源的检索与导航，另外，文献传递与馆际互借也是较受重视的服务形式。

总的来说，相比于各大高校图书馆，一般院校的图书馆并没有足够敏锐的服务创新嗅觉与强烈的服务创新意识，很少与其他机构协作，服务理念跟不上时代，服务创新项目较为缺乏且没有新意，在宣传与推广方面不够重视，自然也就很难被更多的人了解与关注。

二、高校智慧图书馆服务体系建设策略

（一）从根本上转变服务理念

为顺应时代发展，高校图书馆应当积极改革自身的服务理念，进行适应高校需求与社会发展需要的服务体系建设。

通常情况下，高校若是开展教学与科研工作就需要借助高校图书馆，查阅馆藏的各类纸质资源，但值得关注的是，随着时代的发展、科学技术水平的进步，人们越来越不满足于传统的纸质文献的信息获取方式的限制，更倾向于获取数字化、信息化的资源，为满足读者的需求，各大高校图书馆开始积极改革，逐渐由传统纸质文献资源库向数字化图书馆转变与发展，为读者带来便捷高效的信息服务。数字环境给高校图书馆带来了新的机遇与挑战，同时也对其提出了更高的要求。由此就能够促使高校内部开展教学与科研工作的时候能够享受到方便的数据化资源的服务。

值得注意的是，在我国很多高校图书馆中，积攒着海量的纸质文献资源，这些资源在我国开展的高校图书馆数字化建设的过程中被转化为数字化信息，因为资源众多，很多都没有进行仔细筛选、分类，致使大型信息化资源库中存在大量的重复、错误的资源，严重影响了用户对于所需资源的检索、获取、使用。所以高校图书馆应当明白，智慧化的构建不应当只是建立一个庞大的文献资源信息库，还需要借助足够先进的技术，为不同的读者提供个性化的服务，使得读者能够更方便地获取所需资源。随着数字化技术的发展，高校图书馆应当及时改变自身服务方式，积极探索知识服务路径，进行服务体系的革新，通过提升图书馆内部员工的专业技能水平与服务水平，使得高校内部的师生更加高效、快捷地获得所需的专业知识，以便更好地开展教学与科研工作。

（二）构建个性化信息技术服务平台

随着社会的发展、科技的进步，移动互联网技术也在不断发展并得到更大规模的普及，最终融入越来越多的人的生活与工作当中。但需要注意的是，现阶段

很多高校图书馆内提供的在线服务模式并不能够满足人们的需要，若不及时进行革新，就很容易被人们抛弃。另外，在新服务体系的创建过程当中，并不需要完全舍弃传统的在线服务，可以取其精华，进行合理的改进，结合互联网与信息化技术，为高校图书馆建立起适应时代要求的、完善的服务体系，以期为用户带来完备的个性化服务。

为满足不同用户的不同需求，可以选择建立视频、音频等类型的数字媒体档案，使得馆藏的各类文献以及先进的服务模式能够完整展现给用户。在面对一些较为年轻的用户的时候，为增强自身吸引力，高校图书馆可以选择借助自媒体或者新媒体等形式，进行馆藏资源的展现。还可通过建立个性化信息服务平台和使用各类移动端口搭建出一个专业的资源提供平台，增强用户黏度。

（三）开发多样化的服务模式

随着时间的推移与经验的积累，公共图书馆建立起了更加规范的管理方式，但值得强调的是，为适应用户的需求，各高校图书馆应当积极开展革新工作。尽管对于大多数用户来说，图书馆的主要功能就是为自己提供所需的资料，除此之外并无明显用途，但是高校图书馆应当明白，伴随着人们获得信息资源的途径越来越丰富、越来越便捷，自身地位也会不断下降，若要保证自身不会被时代抛弃，就需要拓展自身服务模式的种类，丰富自身功能性，结合自身海量的资源，极力满足教师与学生的各类需求。

（四）面向社会提供社会化服务

为更好地革新自身服务模式，高校图书馆也可以对外开放部分馆藏资源，并在用户使用相关资源的时候为其提供各种专业化的服务，获取用户反馈，结合自身条件，及时进行更新，逐步彰显其本身价值。现如今，互联网技术飞速发展，作为社会服务的一部分，高校图书馆的服务有自身特殊性，主要体现在馆藏资源与服务模式上，可以根据自身特点选择开放某一项业务。比如，工程类院校就可以为社会上有需要的用户开放相关的工程类信息检索服务，使其获取相应的文献资源与技术支持，与此同时也需要不断吸收外界信息，对自身服务体系进行革新。

第四章 高校智慧图书馆信息资源服务

本章为高校智慧图书馆信息资源服务,依次介绍了高校智慧图书馆信息资源的主要类型、高校智慧图书馆资源建设的优化策略、高校智慧图书馆信息资源服务平台构建三方面的内容。

第一节 高校智慧图书馆信息资源的主要类型

当前,在智慧图书馆建设中,除了要协助用户通过智慧图书馆获取泛在服务外,还应存储一定量的纸质馆藏。这是因为,智慧图书馆虽然依托智慧化的技术,构建了智慧化的管理和服务系统,从而提供智慧化的服务,但大部分智慧图书馆同时承载着传统图书馆的功能,也就是搜集和保存人类文化遗产的职能,所以也必须保存一定量的纸质文献。除此之外,智慧图书馆应不遗余力地去开发数字资源、多媒体资源等,这也是其性质和特点所决定的。智慧图书馆中存储的资源主要有印本资源、数字资源、多媒体资源、数据资源和开放信息资源等。

一、印本资源

智慧图书馆中的印本资源主要包括图书、期刊、报纸、工具书、学位论文、会议资料等。其中图书是印本资源的主要组成部分,在馆藏资源中占据了绝大部分体量,也是除数字资源外获得资源建设经费最多的资源类型。期刊的时效性较高,一般会定期出版,学术期刊的学术价值比较高,在学术研究中十分重要。报纸比期刊的出版频率高,大部分报纸为一天一期,其信息极具新颖性,但大多以新闻性信息为主,也有部分报纸为休闲娱乐类,丰富读者的业余文化生活。工具书是研究学科或领域必不可少的工具类书籍,一般为学校或科研机构的教学科研活动所使用,在图书馆馆藏中使用频率较低,但学术价值很高。大部分高校图书馆具有保存本校学位论文的功能，学位论文具有较高的学术价值，尤其是硕士、博士学位论文，体现了学生研究生阶段的学术研究水平，一般学位论文会花费1~3年的时间来完成。会议资料是指在学术交流会议上用于学术讨论、交流的资料和文献的总称，会议资料内容新颖，传递信息比较及时，学术价值比较高。除此之外，一些高校图书馆的印本资源还包括专利文献、标准文献等特种文献，它们也具有较高的收藏和学术价值。

（一）图书

1. 图书的起源与发展

"图书"这一词汇最早出现于《史记》当中，在当时指的是地图与文书档案，与现在的意思存在较大差别。若对这一词汇进行溯源，我们发现，其最早出现于《周易》当中，来自一个叫作"河出图，洛出书"的典故，充分表明了图画与文字的紧密关系。尽管这是神话故事，但是我们依旧能够从中知晓古代先民对于"图书"的理解，简单来说就是文字源于图画，图画与文字联系紧密。在之后的历史演变当中，古人将所有文字都称作"书体"，就连使用毛笔写作的方法也被称作"书法"，在这一过程当中，"书"这个字逐渐有了动词的含义，就是"写"，如"奋笔疾书""罄竹难书"等。基于此，"书"也逐渐有了更多的含义，即所有文字记录，就比如"书信""文书"等。时代在发展，人们对于图书的理解也在不断变化，过去的一些名词已不能反映出现代社会中图书的真实含义。如文书、书信等，尽管都有一个"书"的字样，却不再被列入图书范畴。古文记载的主要目的是对各类信息进行记录，帮助记忆，以便更好地反复考察与借鉴。在之后的历史发展当中，人们逐渐发现，可以对各种经验与知识进行总结与记录，便诞生了相应的著作，由此，"图书"的意义得以确定。之后，人们不再将不能够传播知识与经验、方便人们进行阅读的文字记录看作图书。随着社会的发展、时代的进步、科学技术水平的提高、生产力的增强，人们开始借助图书进行思想传播，逐渐建立起了一套行之有效的书籍制度，并在办理日常事务中形成文书制度。于此，图书与档案被彻底区分开。

关于图书，我国古代对其有着不同的定义，或从内容方面进行分类，或从形式方面进行分类。尽管有所偏颇，但都对后世有一定的参考意义。古代人的探索已经明晰了那个时代的书籍在内容与形式上的特点，并将"书"视为一种特指概念，将其与原始文字记录加以区分。历经千年之久，知识作为图书内容，其范围不断扩大，记述与表述的方式有所增加，所用物质载体及生产制作方式几经变迁；同时又随着社会历史条件的发展和进步，出现了不同类型、著作方式、载体的图书。随着人类社会经济活动日益复杂和频繁，图书在社会中扮演越来越重要的角色。凡此种种，促使人们对图书产生了一个较为系统且清晰的认识。

现阶段，"图书"本身已经有了狭义与广义的区分。就比如"图书馆"这一词汇中的"图书"就是广义的，指的是所有的读物，不只包括甲骨文、金石拓片等文物，也有现代社会出版的各种书刊与报纸等，还包括影像资料等新技术产品，所以说，在这一角度，图书的涵盖范围较为广阔。在狭义的角度，"图书馆"当中的"图书"与各类期刊、报纸、视听资料等是相提并论的，存在一定的区别，于是，在这一角度，图书的涵盖范围就急剧缩小。

在联合国教科文组织看来，"图书"主要指的是那些由出版社（商）所发行的印刷品，在不包括封面、封底的情况下，有49页及以上的内容，且有明确的书名、著作者、定价，拥有国际标准书号且受到版权保护，这一类出版物就可以叫作图书。

2. 构成图书的要素

在我国历史上，图书的前身是竹木简牍，但是千百年来，其形式与内容都在不断变化，不过其中蕴含的几点要素并不曾发生改变。第一，其中存在需要被传播的知识；第二，为传播知识，存在进行记录的文字与图像；第三，为记录相应的文字与图像，需要选择合适的物质载体；第四，制作图书的技术与工艺。

3. 图书的类型

在对图书进行类型划分的时候，可以按照三个方面进行划分。按照学科进行划分，可以将其归类为社会科学和自然科学图书；按照文种进行划分，可以分为两种类型，分别是中文图书与外文图书；按照用途进行划分，也可以将其分为两种类型，分别是普通图书、工具书。

4. 图书的特点

值得注意的是，与杂志、报纸等出版物不同，图书本身有着以下两个较为突出的特点，首先是内容较为全面，有着较高的准确度与可信度，专业性较强；其次是出版周期比较长，由此使得图书本身在传递信息方面比较慢，与其他出版物相比并不占优势。

（二）期刊

期刊的出版十分严谨，须得法律允许的专业期刊出版机构才能够出版。除此之外，我国有新闻出版总署对各类期刊进行审批，只有通过审批的期刊才能够获得合法的出版物号与"期刊出版许可证"，最终合法出版。

一般而言，期刊本身可以大致分为两种类型，分别是非正式期刊、正式期刊。非正式期刊是指通过行政部门审核领取"内部报刊准印证"作为行业内部交流的期刊（一般只限行业内交流，不公开发行），但也是合法期刊的一种，一般正式期刊都经历过非正式期刊过程。正式期刊是由国家新闻出版署与国家科委在商定的数额内审批，并编入"国内统一刊号"，办刊申请比较严格，要有一定的办刊实力，正式期刊有独立的办刊方针。

"国内统一刊号"是"国内统一连续出版物号"的简称，即"CN号"，它是新闻出版行政部门分配给连续出版物的代号。除此之外，还有"国际刊号"，它的全称是"国际标准连续出版物号"，就是"ISSN号"，我国大部分期刊都配有"ISSN号"。

此外，正像报纸一样，期刊也可以从不同的角度进行分类。有多少个角度就有多少种分类的结果，角度太多则流于烦琐。一般从以下3个角度进行分类：

按学科分类，以《中国图书馆分类法：期刊分类表》为代表，将期刊分为5个基本部类：马列主义、毛泽东思想；哲学；社会科学；自然科学；综合性刊物。在基本部类中，又分为若干大类，如社会科学分为社会科学总论、政治、军事、经济、文化、科学、教育、体育、语言、文字、文学、艺术、历史、地理。

按内容分类，《中国大百科全书》对期刊进行了明确的分类，共分为四种类型，其中第一种是一般期刊，这一类期刊更为重视表现内容的趣味性与知识性，有着较为广阔的受众,如我国的《人民画报》《大众电影》,美国的《时代》《读者文摘》等;第二种类型是学术期刊,主要刊载学术论文、研究报告、评论等文章,以专业工作者为主要对象;第三种类型是行业期刊,主要报道各行各业的产品、市场行情、经营管理进展与动态,如中国的《摩托车信息》《家具》,日本的《办公室设备与产品》等;第四种类型是检索期刊,如我国的《全国报刊索引》《全国新书目》,美国的《化学文摘》等。

按学术地位分类,可分为核心期刊和非核心期刊两大类。

(三)报纸

报纸是一种印刷出版物,主要刊登新闻及时事评论,并定期向社会公开发行。它作为一种特殊形式的大众传播媒介,在大众传播中起着举足轻重的作用,它能够对社会舆论进行反映、引导。

报纸并不是近代才诞生的,早在公元前60年的时候,古罗马就已经通过在白色的木板上书写各种事件的方式来告知市民重要信息。而我国出现得最早的报纸是汉代的邸报。1450年,欧洲的德国人谷登堡(Gutenberg)发明了金属活字印刷技术,于是印刷的报纸开始发行。1493年,罗马发行的报纸上刊登了哥伦布航海的消息。当时的报纸只是在发生引人注目的大事件时才发行。1609年,德国率先发行定期报纸,虽是周报,但很快波及整个欧洲。世界上第一张日报在1650年发行于德国。法国1631年才出现报纸,而英国由于当时发生了政治事件,报纸才得以发行。美国的第一张报纸是独立前的1704年,由波士顿邮局局长发行的《波士顿通讯》。历史发展到欧洲资产阶级革命时期,报纸已在欧洲各国相继发行,并被越来越多的人所喜爱和接受。

19世纪末到20世纪初,报纸实现了从"小众"到"大众"的过程,经历了一次较大的"飞跃"。这一时期,报纸的发行量直线上升,由过去的几万份增加到十几万份、几十万份乃至上百万份,于是社会中各行各业的人逐渐开始广泛接触报纸,世界正式进入了大众传播时代,而这也是资本主义达到高峰的表现。

关于报纸的职能,从不同角度,会得出不同的看法,例如,从政党机关报的角度,报纸的职能如毛泽东同志所说:"报纸的作用和力量,就在它能使党的纲领路线、方针政策、工作任务和工作方法,最迅速最广泛地同群众见面。"[①]法国新闻学者贝尔·瓦耶纳关于报纸职能的概括,可以被各方面接受:主要的报道职能,随之而来的辩论职能(传播观点的职能),附带的娱乐职能。

优点:可随时阅读,不受时间限制,不会如电视或电台节目般错过指定时间报道的信息;能互相传阅,读者人数可以是印刷数的几倍;即使阅读或理解能力较差的人,亦可相应地多耗时间,吸收报章的信息;因特网崛起,网络版报纸的传阅力较传统印刷品报更强。

缺点:受截稿及出版因素影响,不能提供最新资讯以及及时更正信息;纸张过多带来携带及传阅的不便;图片和文字在电视和电台的影音片段的比较下震撼力和感染力比较弱;容易沾染油墨污垢。

(四)学位论文

在中世纪的欧洲首先诞生了学位制度,之后由德语国家制定了学位论文的答辩制度,于是各国开始引进并使用。一般而言,能够通过答辩的学位论文会有一定的独创性,能最大限度地表现出论文作者学习效果与自身掌握的能力。因为不同的国家有着不同的教育规定,所以授予学位的级别有着一定的差异,存在学士学位、硕士学位、博士学位,也存在与之对应的论文要求,并且,博士学位的论文因为自身级别的问题,也会有很大概率表现出较高的学术价值。所有的学位论文只有极少数在通过答辩之后选择出版或者发表,大多是不会公开发行的,被授予学位的人会保留一份学位论文的副本,以便后来人进行借阅与复制。值得注意的是,有部分学校为了能够更好地发挥出学位论文本身的作用,会将其制作成微缩胶卷,在整理之后建立一个专业的学位论文数据库。除此之外,也有其他的保存方法,如英国一般统一存储在不列颠图书馆当中等。

学位论文是被授予学位的人为了获得学位所撰写的满足要求的论文。通常情况下,根据所修学位的不同,会分为三种,分别是学士论文、硕士论文、博士论文。

通常情况下,根据研究方法的差异,我们会将学位论文划分为三种类型,分别是理论型、实验型和描述型。理论型论文主要采用理论证明、理论分析和数学

---

① 毛泽东:《毛泽东论文艺》,人民文学出版社1966年版,第103页。

推理等研究方法，取得科研成果；实验型论文采用实验的方法，开展实验研究，取得科研成果；描述型论文采用了描述、对比等研究方法，研究新鲜事物或现象，取得科研成果。

因为研究领域不同，所以学位论文也可以分为两种类型，分别是人文科学学术论文、自然科学学术与工程技术学术论文，值得注意的是，这两种类型的论文不但在文本结构上有着较为相似的特性，而且都有一定的价值，方便长时间地使用与借鉴。

1. 博士学位

若要获得博士学位，就需要是高等学校和科学研究机构的研究生，除此之外，也可是部分有着与研究生毕业同等学力的人才，这部分人在顺利通过博士学位的考试与论文答辩之后，就可以被授予博士学位。

其中，对于博士学位的获得者有着以下学术水平的要求。

第一，对于自己专业的基础理论与专门知识应当做到熟练掌握。

第二，被授予博士学位的人应已经具备独立进行学术研究工作的能力。

第三，自身已经取得了一些有着代表性、创造性的科研成果。

2. 硕士学位

若要获得硕士学位，首先要确保相关人员是高等学校和科学研究机构的研究生，除此之外，也可是部分有着与研究生毕业同等学力的人才，在顺利通过硕士学位的考试与论文答辩之后，就可以被授予硕士学位。

其中，对于硕士学位的获得者有着以下学术水平的要求。

第一，对于自己专业的基础理论与专门知识应当做到熟练掌握。

第二，被授予硕士学位的人应已经具备进行科学研究工作或者独立承担起某项专门的技术工作的能力。

3. 学士学位

若要获得学士学位，首先要是高等学校的本科毕业生，且学习成绩较好。

其中，对于学士学位的获得者有着以下学术水平的要求。

第一，能够比较好地对所学专业的理论、知识、技能加以掌握。

第二，拥有一定程度的进行科学研究工作或者进行专门的技术工作的能力。

（五）特种文献

特种文献是指出版发行和获取途径都比较特殊的科技文献，特种文献一般包括会议文献、科技报告、专利文献、学位论文、标准文献、科技档案、政府出版物七大类。特种文献特色鲜明、内容广泛、数量庞大、参考价值高，是非常重要的信息源。高校图书馆收藏的特种文献一般有会议文献和专利文献。

会议文献指在学术会议上宣读或交流的论文及其他资料。会议结束后，通常会将这些会议文献结集出版，如会议录、会议论文集、会议论文汇编等。

专利文献，狭义的专利文献是指由专利部门出版的各种专利出版物，如专利说明书、权利要求书；广义的专利文献还包括说明书摘要、专利公报以及各种检索工具书、与专利有关的法律文件等。

二、数字资源

作为文献信息的诸多表现形式中的一种，数字资源是计算机技术、通信技术、多媒体技术相结合所形成的通过数字形式实现的发布、访问、利用的信息资源之和。在数据组织形式方面，主要包括数据库、电子期刊、网页信息等。

一般而言，若是按照存储介质进行分类，可以分为两种类型，分别是磁介质、光介质。其中磁介质主要包含各种类型的磁盘、硬盘等，光介质则包含了CD、DVD等类型。通常情况下，数字资源存储介质会选择使用硬盘、磁带、CD、DVD等。

按数据传播的范围可分为单机、局域网和广域网等方式。单机利用可以是光盘或安装在一台计算机上的数据；局域网内部利用是用户能在机构内部浏览检索数字资源，但在机构的局域网以外的网络环境中不能访问；广域网方式是指用户可以在任何一个拥有Internet的地方通过一定的身份认证方式（或者不需认证）就可以访问数字资源。

根据资源的提供者，我们能够将其分为两种类型，分别是商业化的与非商业化的。其中商业化的数字资源包含各种数据库商、出版商等能够通过商业化方式提供的电子资源，这些资源的使用需要图书馆支付一定的费用后再提供给一定的读者群，或者读者个人通过读书卡和其他方式购买数据库的使用权。对于图书馆的馆藏建设来说，这些数字资源十分重要。当然，图书馆特色资源库在建成之后也可以以商业化方式进行运作，此时对其他图书馆而言，也可以称为商业化数字资源。

（一）数据库

数据库的存在主要是依据明确的数据结构对各种数据进行组织、存储、管理。随着信息技术的发展，数据库的种类越来越多，并且已经被广泛应用于方方面面。

在现代社会，人们遇到的信息资源的种类丰富、数量庞大，所以需要对其进行有效管理与利用，以便更好地进行科学研究与决策管理。

数据库的基本结构分 3 个层次，反映了观察数据库的 3 种不同角度：以内模式为框架所组成的数据库叫作物理数据库；以概念模式为框架所组成的数据库叫概念数据库；以外模式为框架所组成的数据库叫用户数据库。

物理数据库是数据库的最内层，是物理存储设备上实际存储的数据的集合。这些数据是原始数据，是用户加工的对象，由内部模式描述的指令操作处理的位串、字符和字组成。

概念数据库是数据库的中间一层，是数据库的整体逻辑表示。指出了每个数据的逻辑定义及数据间的逻辑联系，是存储记录的集合。它所涉及的是数据库所有对象的逻辑关系，而不是它们的物理情况，是数据库管理员概念下的数据库。

用户数据库是用户所看到和使用的数据库，表示了一个或一些特定用户使用的数据集合，即逻辑记录的集合。

数据库不同层次之间的联系是通过映射进行转换的。

（二）网络数据库

数据库本身是将各种数据依据相关结构与规则进行组织并汇集而成的，一般情况下，会分为以下三种类型，分别是层次式数据库、网络式数据库、关系式数据库。人们会根据数据结构的不同，将不同数据库连接并组织起来。计算机网络存在的根本目的就是数据共享，并借此诞生了我们现如今常用的网络数据库，又称"在线数据库"，或称"Web（万维网）数据库"。网络数据库本身是借助设置好的前台程序与后台的数据库进行配合，最终借助浏览器实现数据的存储与查询等工作的信息集合，有着一定的互动性。

值得注意的是，网络信息资源本身指的是那些将各种信息使用电子数据的方式进行存储并能够通过网络通信、计算机等方式再现的信息资源。

网络数据库是信息检索与计算机技术相结合的产物，其主要含义就是信息化的"存取"。现代化信息检索可以追溯到20世纪50年代，数字式计算机诞生后，人们开始研究如何将其应用于信息检索，并于1951年首次利用计算机进行文摘检索试验，初步证明了它的技术可行性。1953年建立了单元词检索系统，1954年IBM公司的研究中心和美国海军兵器中心图书馆分别在IBM701机上开发出了计算机信息检索系统，它标志着现代信息检索系统的诞生。

20世纪60年代是信息检索系统的开发和实用化时期。一批传统出版商和图书馆如美国国家医学图书馆（NLM）和美国化学文摘（CAS）等开始建立自己的计算机检索系统。其中美国麻省理工学院（MIT）开发的联机检索系统的记录中含有引用文献目录，可以用布尔检索、截词检索、引文检索和书目耦合技术。叙词法也开始在计算机检索系统中应用。

20世纪70年代是计算机信息检索系统的成熟发展时期。计算机技术在这一时期有了重大进展，如分时计算机、带终端的远程处理系统、廉价的大容量随机存储器（磁盘存储器）、分组交往网等技术的发展推动了计算机检索技术的发展。数据库数量迅速增长，全文检索开始走向实用化。

20世纪80年代是信息检索系统全面和多元化发展时期。这一时期全文检索开始普及，光盘检索技术出现，自然科学类数据库继续增加，同时社科、经济、人文类数据库也不断增多，个人计算机的出现使得检索更加方便和频繁，计算机检索从较多地存在于科研领域逐渐向人们日常生活中的检索转移。1988年，信息检索界重要标准Z39.50协议颁布，使异构数据库之间和不同系统之间的通信可以实现，对信息检索的发展产生了重要影响。

20世纪90年代以后，是互联网检索发展时期。互联网的出现使得网上信息呈几何数字增长，同时它又是无序、散乱的信息集合，人们需要一种简单易用的工具来方便地实现检索，从而迅速获取所需的信息。网络搜索技术在这种情况下应运而生，1994 年，第一代搜索引擎诞生，此时的检索系统响应时间还比较长，1998 年以谷歌为代表的第二代搜索引擎诞生，大大方便了用户的检索行为。2000 年 1 月百度公司成立，它是目前世界上最大的中文搜索引擎，它的出现极大地方便了中文用户利用网络。

按照国际上通用的分类方法，数据库通常划分为以下几种类型：

参考型数据库（reference database）是指指引用户到另一信息源以获得原文或其他细节的数据库，又称为"指示型数据库"，包括书目数据库和指南数据库。

书目数据库（bibliography database）是指存储某个领域的二次文献（如文摘、题录、目录等）的数据库，又称"二次文献数据库"或简称"文献数据库"，如美国化学文摘数据库等。

指南数据库（referral database）是指存储关于某些机构、人物、出版物、项目、程序、活动等对象的简要描述，指引用户从其他有关信息源获取更详细信息的数据库，也称"指示性数据库"，如机构名录数据库、人物传记数据库、产品数据库等。

源数据库（source database）是能直接提供原始资料或数据的自足性数据库，用户可直接获取足够的信息资源。又可以分为：

①数值数据库（numeric database），指专门提供以数值方式呈现的数据库，如各种统计数据库。

②文本－数值数据库（textual-numeric database）能同时提供文本信息和数值信息的数据库，如产品市场报告数据库等。

③全文数据库（full-text database），指存储文献全文的数据库，如期刊全文库。

④术语数据库（terminological bank），存储名词术语信息、词语信息等的数据库，也包括电子辞书。

⑤多媒体数据库，一种把文字、声音、图像、数值等信息存储，并对其进行一体化管理的数据库。

常见的中文网络数据有：中国知识基础设施工程（中国知网）、维普期刊资源整合服务平台、万方数据知识服务平台、北大法宝数据库、中国经济信息网等。

常用的外文数据库有：科学引文索引（SCI）、工程索引（EI）、IEEE（电气和电子工程师协会）等。

（三）电子图书

电子图书是指在磁、光、电等介质之上，借助数字代码的方式将各类信息进行存储并通过计算机或者相应的终端设备进行使用且可以实现复制发行的大众传播体。

和传统书籍相同的是，电子图书为了适应读者的习惯，也表现为传统书籍的编排格式，同时其中同样有着一定的信息量，能够在阅读过程中传递信息。

但是电子图书与传统书籍仍有着很大的不同，比如说，电子图书只能够借助电子计算机设备才可以被读取出来，除此之外，它的信息量更庞大，可以对想要的信息进行更加方便的检索，以及有着更高的性价比，等等。简单来说，有以下八个方面的特点：第一，电子图书更容易对需要的信息进行检索，所以能够有效提升资料的利用率；第二，能够存储更多的信息；第三，在同等容量之下，电子图书在成本上更低；第四，因为可以借助计算机设备进行信息的读取，所以可以表现更加丰富的内容，其中包含文字、语音、图像等类型的资料；第五，能够更好地对信息进行组织，最终有效增强可读性；第六，在电脑上进行资料的处理更便捷；第七，可以更加方便地将各种需要的资料进行任意组合，方便自己理解；第八，是一种新奇的方式方法。

另外，电子图书的特点还有以下几种：其一，可以有效减少纸质图书的产出，木材消耗、空间占用、环境污染都得到了有效缓解；其二，大部分电子书籍中会有文字、图片、影像存在，能够更好地帮助读者进行理解，有效丰富了知识的载体；其三，在互联网上，有着海量的书籍资源，读者能够更加方便地获取知识资源。

通常情况下，电子书主要有两种意思，其中一种就是专门指代电子书，另外一种指的是专门用于电子书阅读的掌上阅读器。电子书的主要格式有PDF（便携式文档格式）、EXE（可执行程序）、CHM（编译的HTML帮助文件）、UMD（通用媒体光盘）、PDB（程序数据库文件）、TXT（文本文档）等，大部分移动终端设备均支持这些阅读格式。

电子书是一种专门用来阅读图书的电子设备，有着大屏幕液晶显示器与上网芯片，可在网上便捷地选购和下载数字化书籍，可存储海量数字信息，一次可存储 30 本左右传统图书资料的信息，经过特殊设计的显示屏能使人们舒适地长期看书。

（四）电子期刊

电子期刊也可以被称作"电子出版物"或者"网上出版物"，若从广义来看，凡是以电子形式出现的期刊都可以叫作电子期刊，其中包含有通过联机网络检索的期刊，也包括以 CD-ROM（紧凑的光盘只读储存器）形式发行的期刊。

电子期刊的类型有两种：一种是纸质期刊的电子化，另一种是直接在网络上出版的电子期刊。

相比于传统的期刊，电子期刊从投稿到出版，直到读者进行阅读的全过程都不存在纸张的使用，一切都是在网络环境中进行的。电子期刊借助高科技，将光盘或者网络通信技术作为载体，经过相关技术处理之后，成为满足要求的出版物。其中不只存在文字与图片，还有声音、视频等，以便为读者带来更丰富的阅读体验。

值得注意的是，相比于传统期刊，电子期刊有着以下几项较为优质的特点。

第一，电子期刊借助计算机的运算速度与庞大的资源存储，拥有了巨大的信息量。

第二，因为计算机本身有快速查找的功能，所以可以借此帮助读者更加便捷地寻找想要的信息。

第三，电子期刊中不只有文字与图片，还有着声音、影像等的存在。

第四，电子期刊能够为读者带来更加舒适的阅读体验与丰富的感官享受，电子期刊中存在的电子索引与随机注释十分便捷，体现了信息时代的特点。

（五）网页信息

网页是组成一个网站最基本的元素，承载着各类网站应用。网页是纯文本文件，含有超文本标注语言标签，一般以图像档的格式来提供画面，并且需要通过网页浏览器读取。

一般而言，网页中存在以下八个方面的内容。其一，文本，主要作用是承载网页中存在的各种信息；其二，图像，不但能够表达出一定量的信息，还能够将其中的信息表达得更加直观且形象具体，主要包含两种表现形式，分别是静态图像与动画图像；其三，Flash 动画，能够有效促使用户产生兴趣，去了解更多的网页信息；其四，声音，主要存在于多媒体与视频网页中；其五，视频，通过视频文件，进一步促使网页拥有更加丰富的表现效果；其六，表格，表格的存在是为了实现网页上信息的合理化排列；其七，导航栏，以超链接的形式存在，能够链接网页中的各种需要访问的重要的页面；其八，交互式表单，网页上的表单一般用于与数据库连接，接收访问用户从浏览器端录入的信息，并使用服务器上的数据库，完成客户端和服务器端之间的各种交互。

网页上所有的发布内容都可称为网页信息，网页信息是一个巨大的信息源，它的信息质量参差不齐，真假难辨，需要信息使用者去详加筛选。常用的网页信息有各类学习网站、政府部门统计数据、行业报告等。

三、多媒体资源

媒体这一词汇在计算机行业当中存在两种不同的含义，其中一种是指那些能够对各种信息进行传播的载体，另外一种指的是那些能够对各种信息进行存储的载体。近年来，多媒体横空出世，并随着时间的推移不断发展。

但是，我们需要明确的一点是，多媒体资源本身并不能够看作一种资源类型，毕竟其本身是对多种媒体所拥有的资源的统称。其中包含着各种媒体形式，有文本、图像等。多媒体在计算机系统的领域进行定义，主要指的是由两种或两种以上的媒体组成，能够通过人机交互的方式实现信息的交流与传播的媒体。有多种表现形式，如文字、声音、图像、影片等，还可以进行互动操作。

超媒体系统中存在一个子集，就是多媒体。超媒体系统本身是一个全球信息系统，其主要构成元素就是超链接。值得注意的是，在互联网中存在的多媒体网页会根据自身类型不同，选择与之适合的编写语言，如二维的多媒体网页、采用超文本标记语言、XML（可扩展的标识语言）等；三维的多媒体网页则是采用 VRML（虚拟现实建模语言）等。在 20 世纪中后期，大部分的多媒体作品使用光盘发行，进入 21 世纪后，多媒体产品更多地通过网络发行。

（一）多媒体技术的应用范围

多媒体技术主要包括以下六个方面：一是音频技术，涉及音频的各种处理以及语音的识别等；二是视频技术，主要涉及对视频进行数字化以及相应加工；三是图像技术，主要包括对图像进行处理以及图像与图形的动态生成等；四是图像压缩技术，主要内容为对图像与动态视频进行压缩处理；五是通信技术，主要涉及对图像、视频、语音等进行传输；六是标准化，主要就是指多媒体的标准化。

（二）多媒体技术所涉及的内容

多媒体技术主要包含以下三部分内容：一是多媒体数据压缩，具体指的是多模态转换与压缩编码；二是多媒体处理，主要包含两个方面，一个是对音频信息进行处理，另一个是对图像信息进行处理；三是多媒体数据存储，主要包含多媒体数据库、多媒体著作工具、多媒体通信与分布式多媒体、多媒体专用设备技术四个方面的内容。

四、数据资源

数据面对的对象是客观事物，其自身属于对客观事物的各方面进行观察之后没有经过任何处理的原始素材。数据本身存在两种形式，一种是模拟数据，另一种是数字数据。通常情况下，数据本身会通过二进制的形式存在于计算机系统当中。

值得注意的是，信息与数据并不等同，尽管二者存在着一定的联系，但是也有着较大的区别。其中，数据承载并表达着信息，其主要表现形式有很多种类型，如文字、图像、语音、视频等。信息则属于数据的一种，自身只能够依附数据进行表达，而信息会进一步对数据进行解释说明。值得注意的是，信息与数据之间并不能够割裂存在，二者相辅相成，信息若想表达就需要数据作为载体，数据则会凭借自身优势准确生动地表达出相关信息。数据本身是以符号的形式存在的，所以有着较为明显的物理性，而信息本身是在对相关数据进行加工处理之后才得到的，也能够对决策产生一定的影响，所以我们说信息有着逻辑性与观念性的特性；信息借助数据进行表现，是对数据的一种富有意义的表达。在现实世界中存在着大量的数据，这些数据都是由人或组织收集而来的，值得注意的是，这些收集的数据本身并没有意义，它只有在影响实体行为时，才会变成信息。

一般而言，数据并不能够完全通过自身的表现形式表达出相关内容，还需要进行一定程度上的解释作为辅助。就比如作为一个数据存在的数字"76"，不但可以是一个公司内部的员工总数，也可以是一个人的年龄，或者是两个地点间的距离，等等。

数据可以按性质、表现形式和记录方式3种类型来划分。

1. 按性质划分

其一，可以定位，指的是各种坐标类的数据。

其二，能够定性，主要是指对各种事物的属性进行表达的数据。

其三，可以定量，主要为表现某一事物本身的数量情况的数据。

其四，能够定时，指的是那些可以对事物本身所具备的时间属性进行表现的数据。

2. 按表现形式划分

其一，以数字数据的形式进行表现，主要指的是那些经过统计之后的数据或者测量获得的数据等。

其二，以模拟数据的形式存在，其组成元素为连续函数，具体指的是那些在一定区间之内不断进行连续变化的物理量，分别是文字数据、图像数据等。

3. 按记录方式划分

若是将数据资源本身依据记录方式进行划分，我们就能够将其划分为影像、表格、地图等。若按数字化的方式进行划分，有着以下几种类型存在，分别是矢量数据、格网数据等。

同时，我们还需要注意，数据本身也会分为三种类型，分别是结构化数据、非结构化数据、半结构化数据。

简单来说，结构化数据本身就是一个数据库。具体指的是政府统计部门的报表、企业ERP（企业资源计划）、教育一卡通等。结构化数据也称作"行数据"，是由二维表结构进行逻辑表达与实现的数据。

非结构化数据库本身能够自由变换字段长度，而且在该数据库中，所有字段的记录中的子字段并不会限制重复与否。非结构化数据库对结构化数据与非结构化数据都很适用。非结构化的数据本身包含范围十分广泛，就比如任意格式的图片、文本、文档、音视频资料等。

而半结构化数据，就是介于完全结构化数据（如关系型数据库、面向对象数据库中的数据）和完全无结构的数据（如声音、图像文件等）之间的数据，超文本标记语言文档就属于半结构化数据。它一般是自描述的，数据的结构和内容混在一起，没有明显的区分。

第二节　高校智慧图书馆资源建设的优化策略

现阶段，各大高校都在紧锣密鼓地进行智慧图书馆的建设，其建设主要包含以下几个方面的内容，分别是印本资源建设、数字资源建设、开放信息资源建设。

一、高校智慧图书馆印本资源建设

（一）高校智慧图书馆采访工作的智慧化管理

采访工作应当逐渐与读者加强联系，重视读者意见的获取。图书馆要想长久存在，就需要建立起足够优质的馆藏，所以应当格外重视文献的采购，只有高水平的文献入库才能够为图书馆带来更加广阔的发展前景。过去进行文献采购时，馆方并不重视读者意见，只是粗暴地由上级制定采购内容，致使最终的采购结果不被读者接受。但是图书馆的服务对象是读者，图书馆的存在也是为了及时满足读者的需求，所以在进行图书馆的建设与运营的过程中应当始终坚持以读者为工作中心。为进行智慧化改革，图书馆基于智慧化理念的指导，在进行馆藏资源采购的时候，应更多地重视读者的个性化文献需求，更加大众化、开放化、个性化。比如，南京大学图书馆就在自己的网页端开放了一个名为"智慧图书馆服务"的板块，用于征集读者的采购意愿，使更多的用户能够向图书馆表达自己的信息需求。在资源采集方面，因为更加重视读者需求，所以图书馆在进行采购的时候能够更加高效，尽量减少利用率低的信息的购入，减轻采购人员的工作量，满足绝大多数读者的个性化需求，进一步增强读者与图书馆之间的交流，有效促进读者与图书馆的馆藏资源之间的互联互通。

（二）高校智慧图书馆馆藏管理的智慧化

对于纸质资源来说，射频识别管理系统能够有效实现其智慧化目标，该系统以物联技术为基础，大力改善图书馆在排架、采编、流通等方面的流程。现如今，我们可以在很多图书馆的在架书籍上发现特有的电子标签。

（三）高校智慧图书馆馆藏存储的智慧化

物理空间紧张与图书馆大力开展实体馆藏之间存在矛盾，需要通过远程存储以减少馆内开架书库实体馆藏的方式加以解决。远程合作存储本质上是一种存储设备，具备异地性、高密度性、可长期保存纸质文献等特点，每个分馆不仅拥有存放于本馆内的文献的所有权，还可以与其他分馆共享资源或转让文献所有权，且每个分馆的读者都可以随时访问该馆远程存储的各种资源。在智慧化背景下，图书馆要始终坚持自己的使命，扮演特定的角色，并根据实际情况规划馆藏发展策略。部分图书馆主要为读者提供近期学术资源，也有图书馆专门负责低利用率文献资源的长期保存，但从未来的发展趋势看，智慧图书馆将会成为传统图书馆的发展目标，并扮演学习空间、创新中心、交流中心、创客中心等多种角色，有效减少馆内低利用率的文献资源的所占空间。

二、高校智慧图书馆的数字资源建设

从整体角度看，我国大部分高校图书馆已经引进了涵盖绝大多数不同种类的数据库的数字资源，其中包括报纸、学术论文、电子图书、科技报告、期刊、参考工具、多媒体及其他等多个种类，而在不同种类的文献中，电子图书、数字期刊、学位论文等资源被引进的量最大。

（一）高校智慧图书馆数字资源建设存在的问题分析

1. 数据库重复建设现象严重

将中文科技期刊全文数据库和中国学术期刊全文数据库进行对比，我们可以发现两者的数据库都包含 8 000 多种期刊，前者以收录科技方面的期刊为主，也收录部分社会类核心期刊；后者以收录社会科学期刊为主，也收录部分科技类核心期刊。两者虽然在侧重点上有所不同，但它们之间存在很多重复的内容，这说明数据库自身建设重复现象已经十分常见。大多数综合性院校，如果对文理科的重视程度相同，那么学校就需要同时购买上述两个在数据上有相同内容的数据库，进而造成资金的浪费。

除此之外，自建数据库的重复建设现象也比较严重。在构建学科导航库时，很多高校图书馆都针对同一学科展开建设，这种情况发生在北京工业大学、电子科技大学、清华大学、上海交通大学、北京航空航天大学等几所大学关于材料科学与工程学科的导航库建设上。我国共有 54 家高校图书馆参加了高等教育文献保障系统重点学科网络资源导航库的建设工程，已完成的重点学科导航库超过 200 个，涵盖了我国高校的众多重点学科。然而，部分高校图书馆直接复制上述导航库的内容，并以此为基础构建新的学科导航库，这种做法既费时又费力，并且会增加数据库的建设重复度。

2. 数据库建设的标准不够统一

数据库建设遵循标准、规范原则，是实现信息资源共建共享、文献信息检索自动化的必要基础。数据库建设的标准化要求数据管理系统与数据库数据著录达到特定指标。在我国，统一的信息资源建设管理机构尚未建成，每个图书馆、每个数据库开发商也都是各自为政、各自发展、互不联系，在数据库建设的标准化、规范化等方面的意识较为薄弱。系统不同，管理的标准也不同。此外，从数据库管理系统的标准化层面看，以数据库管理系统为基础的标引系统、检索系统、操作系统种类繁多，且拥有不同的格式、字段；在数据的标引、检索、分编等方面的标准不够统一，质量控制力度也不够均衡，这就导致数据库的兼容性、互操作性等方面的水平不高，也不具备足够完备、足够准确、足够规范统一的原始数据，拉低了数据库的共享效果，也约束了数据库功能的发挥。

3. 自建数据库不仅不多，而且质量较差

就我国高校而言，其自建的、拥有特色的数据库中全文型数据库的量十分有限，且从具体工作角度看，大多数图书馆只能完成扫描已有文献的工作，能够深度加工文献的数据库比较少，且针对同一学科重复建库的情况也十分常见。很多高校通过 IP 对已建数据库加以限制，将使用范围缩小到本校，这种做法不仅不符合特色数据库的建设初衷，也拉低了数据库的利用水平。

4. 数据库容量不大

从整体上看，我国高校图书馆虽然拥有较广的数字资源建设范围，且每个图书馆都在针对特色馆藏资源进行开发研究，但图书馆的数字资源建设不具备较为充足的容量，很多数据库不仅容量小，还包含较多链接资源。与发达国家相比，不管是在学术期刊量上，还是在馆藏信息上，我国高校图书馆数据库都是远远落后的。

5. 大多数高校图书馆尚无法实现数字资源的整合检索

在国内，很多高校图书馆都针对馆藏数字资源的整合做出了一定的规划，并从普通链接的整合、导航整合入手，沿着跨库检索的高层次方向发展。然而，在技术、资金等原因的约束下，大部分图书馆的资源整合程度可谓十分不理想。

（二）高校智慧图书馆数字资源建设的问题解决对策

1. 数字资源建设要明确规划与原则

资源建设规划能够总领资源建设，并为其提供清晰的建设目标、建设任务、建设方法、建设路径等，而这种规划是开展数字资源建设首先应完成的工作。从宏观角度看，数字资源建设规划可以指导数字资源建设工作，使其按照一定的标准与规范稳步开展，并为数字资源建设工作构建数字资源建设、服务、共享的综合机制。

高校图书馆应该根据学校、图书馆的发展规划，学校学科建设情况，图书馆的购书经费等条件，制定数字资源的建设规划。建设规划应该包括数字资源建设的目标、方针、程序、模式、建设任务、建设重点、时间规划等内容。

开展数字资源建设，要始终秉持以下几个原则。

（1）需求原则

数据库建设要从用户真实需求出发进行选题，切忌盲目急躁，不仅要仔细考量教学、科研等方面的实际需要，也要对其需求程度、实用价值进行考量。具体而言，第一，要从为广大读者提供便利的目标出发开展数据库建设，不考虑读者需求的建库行为是毫无价值的；第二，要符合学科的发展规律，并将学科的重点、特色呈现出来，按照教学、科研等方面的需求，从而促进教学、科研的发展，提升其对社会产生的经济效益水平。

（2）特色原则

作为互联网的重要组成元素，高校图书馆具备数字资源开发、数字资源利用的特色，这些特色直接影响其竞争优势与发展潜力。所以，特色数据库在进行内容选择、内容编排时，要融合民族、地方、学科等方面的特色，使得特色数据库在内容上更具优势，提高广大用户对特色文献知识提供工作的满意度。此外，还要对特色数据库于全行业、全国范围内的特色权威程度进行考量，看其能否被其他综合型数据库所取代。

（3）标准化与规范化原则

对于数字资源建设的开展与推动而言，秉持特定的标准与规范是很重要的，这一原则为数字资源长期储存、相互操作与数据交换以及分布建设、网络存取、资源共建共享等工作的实现提供了保障。所以，在建造技术平台、构建网络信息服务体系时，要始终遵循选择统一、标准规范的原则，并合理运用具备兼容性、应用性的软件与硬件。

（4）共建性与共享化原则

在网络信息技术不断发展的当下，任一单独的高校图书馆都需要将收集完整的信息资源当作目标，仅仅依靠自身在信息、人力等方面的资源开展信息服务，是无法解决广大读者日益更新的信息需求的。在这种背景下，无论是全国性、地区性的共建共享活动，还是本系统的共建共享活动，各个中小型高校图书馆都要积极参与，因为共建共享能够使图书馆数字化建设收获更好的效果。

（5）安全性与可靠性原则

在数字资源建设过程中，图书馆要完成数字资源的加工、存储、传递、管理等工作，并通过网络技术，解决各个终端用户的信息服务需求，系统足够安全是开展这些工作的必要前提。开展数字资源建设，要保证信息存储与网络设备的技术足够先进、性能安全系数够高，这样才能完成数据备份工作；要运用性能强大的管理系统，通过网络检测、网络诊断、过滤、故障隔离、在线修复等功能，保证网络系统足够安全，数据足够可靠。

（6）保护原则

在很多历史底蕴厚重的高校图书馆里，有着大量的孤本、善本、照片等珍贵史料信息，各个高校图书馆也都开展了"只藏不借"的封闭式保护工作。通常情况下，只有特定的专业研究人员可以阅览这些珍贵史料，但正因为如此，珍贵史料的学术价值与研究价值的利用率并不理想。这个问题需要专业人士通过数字化技术加以解决，可以为其搭建数据库，设计浏览、检索功能入口。这样一来，既可以实现对图书馆中的优秀文化遗产的保护，又可以提升这些文化遗产的利用率、开发率。

2. 要加大中文数据库的引进力度

出于自身利益，大多数中文数据库商的数据库比较大、比较广泛，除了拥有较大的数据储存量，其价格也比较昂贵。高校图书馆要想合理地将中文数据库引进，就要仔细考虑数据库的使用成效、学科专业的发展、所需资金等诸多方面的因素。如果经费充足，高校图书馆就要从学科专业建设的真实情况出发，仔细分辨需要引进的数据库的专业水平，进而让更多的教师与学生在信息方面的需求得到满足。

此外，图书馆要在引进数据库上重视主动权。很多图书馆并没有从主观意愿出发去寻找数据库，更多时候只是经过各种代理商的推销，去被动地尝试、被动地接受。所以，图书馆要拓宽了解专业数据库出版信息的途径，结合自身真实情况，有目的地推动信息资源的建设。

3. 要提高高校图书馆自建数据库的建设水平

我国高校图书馆的一大特征是引进数据库多、自建数据库少，且自建特色数据库在质量上也十分有限，本身数据库中有用的资源不足。所以，要想有效推动自建特色数据库这项工作的进展，我们要先从以下几个方面入手。

首先，要专注于优秀的信息资源的收集。想要构建特色数据库，大量收集本校师生论文/著作，并构建相应的数据库，设置特定链接，方便读者进行检索的做法是不错的选择。另外，将相关收录、被引用的情况记录下来，不仅可以优化服务，还可以促进学校科研水平的提升，更能将图书馆数字资源的特色呈现出来。高校图书馆还能够以本地地方特色资源为基础来构建富含地方特色的数据库，吉首大学建立的"沈从文文献资料中心"、湘潭大学建立的"毛泽东思想文献信息中心"等都是这一措施的典型案例。结合本地特色资源构建数据库，一方面可以为广大师生提供高水平的个性化服务，另一方面也可以促进图书馆数字资源共享建设的发展。

其次，要深度加工所收集的文献资料，以其为基础产出质量更高、层次更深的文献信息。在图书馆信息化建设的进程中，深层次地开发文献信息资源是十分关键的。计算机和应用软件是开发信息资源的媒介与方法，建设工作的关键是对信息进行组织、加工、储存、整理以及开发和规范，这些工作会直接影响信息化建设的效益，进而作用于国民经济的提升与科技的发展。对文献信息资源进行深层次的开发，一方面可以将图书馆的馆藏文献资源充分展示出来，另一方面也可以提升文献信息资源的利用率。想要推动图书馆的信息化建设，并加大文献信息资源的开发力度，就要先分辨信息化程度的难易与数据量的多少，并为系统数据制定统一规范，使得各个专业数据库的建设及其发展、标准有条不紊地进行。

再次，从重点学科、重点课题出发，及时跟踪来自国内外特定领域的观点、思潮、动向等方面的新信息，并以其为中心制定专题报告与论点汇编。高校图书馆的文献资源优势十分明显，充足的馆藏特色文献可以为重点学科、重点课题数据库的建立提供必要的信息保障。图书馆主要负责完成存储资料、提供建设资源等任务，部分高校已经就特定学科领域构建了学科文献中心，所以高校图书馆具备内容丰富、系统广泛的学科文献，能够在很大程度上推动学科数据库的建设，清华大学的数字图书馆、北京林业大学的林木育种数据库、内蒙古大学的特色数据库等的建设，都能在一定意义上反映学校的特色。

4. 强化高校联盟，促进资源共建共享

在经费不足、数字化资源价格不断提高的情况下，高校图书馆数字化建设在长远目标的规划上举步维艰。因此有关部门可以出台相关法律法规，为文献购置费所占学校经费比例合理提供保障，并加大监督力度和指导力度。此外，不同高校要与各个主管部门、系统商、厂商建立联盟,从而确保在建设图书馆时拥有充足资金。

不同高校图书馆之间开展互联与资源共享,能够有效解决资金短缺的问题,这也是数字化图书馆的未来发展趋势。资源共享以共建为实现基础,不仅要求对资源配置方式和管理体制进行改革,还要求将建设集中化、将管理开放化,从根本上扭转"小而全、大而全"的思想,有效削减因重复建设而浪费的时间与精力。各个高校图书馆要改变观念,增强全局意识,将自身建设置于资源共建共享的大环境中进行考量,并提高参加数字化资源组合与建设的积极性,以积极协作、统一规划、统一标注的方式,在保证互惠互利的前提下制定高校数字化资源建设规划整体目标。此外,要仔细考量图书馆的主要功能与定位,有效控制数字资源的购买范围,并科学合理地规划图书馆数字资源建设规模,可以考虑从各个图书馆的经费中拿出一部分,用于数字化资源的整体规划,进而构建用于资源共建共享的运行机制,将"大图书馆"数字化资源的想法付诸实践,最终形成数字化资源分布式储存管理与集成化"一站式"检索利用并存的新格局。

5. 加强数字资源整合检索

我们不能将整合数字资源当作"库集合""库链接"。从本质上看,数字资源整合用于形容数字资源优化组合的特定存在状态,是指以特定需要为基础,将不同的资源系统中的数据内容、功能及其互相之间的关系整合、类聚、结合,进而生成一个全新的有机整体,并使得构建的数字资源体系更具效能和效率。

(1)以 OPAC(联机公共目录查询系统)为基础进行信息资源整合

这种整合模式以传统书目为管理基础,在高校图书馆中的利用频次较高。当以这种查询系统为基础对更多资源和服务加以整合时,图书馆现有信息资源的利用率会显著提升。就目前来看,很多高校图书馆都设置了独特的馆藏书目公共查询机制,这种机制管理几十万到几百万的编目数据,运用联机公共目录查询系统整合这些资源是不难被想到的方法,这种方法能够帮助读者无形中突破馆内资源和书目服务的限制,进而随意地运用馆外的资源与数字化的资源,并且不需要在操作上花费过多时间。具体来说,这种做法包含两种:第一种,从 Z39.50 协议出发,将各个联机公共目录的查询系统聚合起来,构建新的馆藏书目联合查询系统,这种做法比较常见，能够有效整合传统书目的查询系统；第二种，在 MARC856 字段中对电子文献的 URL（统一资源定位符）进行记录，进而实现在实体馆藏中展示并链接全文电子文献的目标。

（2）以跨库检索为基础进行信息资源整合

特定学科的文献资料可能并不只存在于某一数据库里，这种情况对于交叉学科更为常见，教师或学生要想检索和这种学科有关的课题，就要对多个数据库进行反复检索，这样才能尽可能地找全所需资料信息。检索系统不同，检索界面、检索技巧、检索式构造规则、检索算符、检索字段往往也不同，教师或学生在进行检索过程中可谓困难重重。如果存在一个可以同时检索多个数据库的平台，教师或学生搜集信息的效率就会大大提升。实现跨库整合检索，要针对数字资源系统的不同检索结构构建合理机制。

（3）以资源导航为基础进行信息资源整合

资源导航系统能够整合信息资源的检索入口，并构建资源导航库，使得按信息资源名、资源标识、关键词获取资源的方法得以实现。从功能上看，资源导航系统能够让广大读者对信息资源有更加全面的理解，并为读者提供根据某些特征浏览或搜索某些信息的入口。根据形式类型，资源可划分为书目、期刊、电子图书、数据库、电子报纸、会议等，无论根据哪一种资源，都可以建立特定的导航系统。当前高校图书馆多建有数据库导航系统与期刊数字导航系统，为了发挥资源导航系统预期的作用，需要明确内容，因为信息资源内容展示的详细程度直接影响资源导航系统功能的发挥效果。信息资源的所属类型不同，需要揭示的内容不同。通常情况下，资源导航系统具备字顺浏览、分类浏览、关键词搜索等基本功能。运用这些功能，读者可以快速地搜寻所需信息资源，并通过超文本链接提供检索入口，对该资源实施全文检索或目录检索，并围绕超级链接整合信息资源。所谓链接整合，指的是读者根据网络超文本链接的特征，可以将文献的相关知识进行整合分类，并将有联系的信息资源链接起来，构建包含多种内在联系的整体，从而对各类信息资源加以利用。进行链接整合时，有一些问题需要我们注意。第一，从读者的角度看，链接点在设置时要保证其足够便捷，但链接点太多，也会增加读者进行搜索的难度；第二，要根据特定的原则对信息资源进行分类，这项工作要足够科学，并符合广大读者的使用习惯；第三，不同的科学文献之间并不是互相独立的，它们之间往往存在某种联系，并共同构建出一定的系统，文献的相互引证不仅反映了科学发展规律，也能将科学知识的累积性、继承性、连续性以及不同学科的互相渗透等特征呈现出来。很多学术论文经过一定的引用与被引用后，构建了极为复杂的引文网络，在信息资源中按照超链接的特性将各种资源联系在一起，并构建出能够将知识点的各种联系与知识结构体现出来的体系，这能很大程度地推动学术研究的发展。试想，当以参考文献为线索，将各种信息资源整合为一个特定的知识网络时，这种独特而富有创意的想法会迅速得到广泛应用。

第三节 高校智慧图书馆信息资源服务平台构建

无论是信息资源的开发，还是信息资源的组织，都以向用户提供各种信息为最终目标，进而为用户提供服务。在信息技术不断发展的局势下，图书馆不仅迎来了各种发展机会，而且要加快信息资源的建设，并提高信息服务水平，优化信息资源的组织水平与服务水平，促进图书馆在服务模式上实现从"以资源为中心"到"以服务为导向"的转变。

一、高校智慧图书馆的信息资源现状

从宏观角度看，各个高校图书馆的信息资源主要包括五个方面：第一，馆藏书目数据库，这种数据库以各馆的馆藏文献（以印刷书刊等载体为主）为基础建立而得；第二，网络数据库，学校通过购买或与集团进行联合采购的方式获得使用权，构建网络数据库，进而为广大师生提供本地镜像、远程镜像访问等虚拟信息资源，且这种数据库可以对各种系统平台进行适应，其具有量大、更新速度快的特点；第三，全文的电子版书刊数据库，这种数据库具备方便、快捷、新颖等特征，能够为图书馆提供有价值、有新意的信息资源；第四，重点学科、重点专业的信息门户，以各校学科的发展情况、专业建设侧重面为基础，建立专题导航库；第五，自建富含地方特色的专题数据库，在对不同地方的特色文献资源进行

采集后，主动构建特色专题数据库。然而，就实际情况看，虽然地方高校图书馆在数字信息资源建设等方面收获了一定的成绩，但其无论是在实际利用率上，还是在信息服务、更新要求上，都还存在十分明显的不足。

（一）信息资源基础数据无法满足支撑信息服务要求

与重点高校图书馆不同，地方高校图书馆在服务理念、服务范围、服务水平等方面都存在明显不足，也不具备成熟的服务机制，无法满足社会要求。就目前来说，相关部门并没有为包括共享信息的分类、提供方式以及数据更新与维护在内的信息服务工作提供科学合理的规章制度，这就导致了以下状况：第一，在线服务数据更多的是单个数据库，不存在能够反映图书馆信息资源全貌的、以元数据为基础的信息资源目录；第二，能够提供专业检索的数据库十分有限，几乎只有中国知网、维普期刊和万方数据；第三，为学校教学、科研提供服务的信息导航库与能将地方历史、文化特色反映出来的文献数据库没有统一的数据标准，统一检索功能仍未实现；第四，数据更新速度不快，实时信息资源反映不及时。由此可知，高校图书馆要针对数据的采集与收录扩大范围，及时更新专题数据库的各种信息。

（二）图书馆信息数据的标准化工作需要加强

对于图书馆信息化建设而言，信息资源服务共享既是目标，也是挑战。图书馆信息资源的基础平台（操作系统、应用软件、数据库管理系统）等本身并不统一，即使其可以解决各部门在业务方面的需要，也无法为统一检索功能的实现提供保证，这对于图书馆信息资源共享的发展是不利的。所以，要加大对图书馆信息数据的管理力度，并优化元数据标准，需要在保护知识产权的情况下，优先处理学校出资购买、建设的信息资源的共享工作。当学校面对无法通过自建获得的信息资源时，要根据市场机制，通过与其他信息机构合作，实现信息的共享与交换。

（三）信息建设部门间功能重复且信息共享机制不成熟

地方高校信息中心与各个资料室、图书馆、档案室等部门之间保持互相分割的关系,信息资源建设没有比较系统、比较宏观的规划与共享机制作为支撑,导致"各自为政""横向信息孤岛"等现象比比皆是。所以,学校要统一协调,保证各个部门分工明确,严格规范采集数据、组织数据、管理数据等方面的工作流程,为发挥信息资源的作用奠定实现基础。另外,还要以服务功能为标准,整合馆藏业务资源、学科信息门户、专题咨询、地方特色数据库等不同的数字信息资源,并搭建具备统一性的信息服务平台,使得高层次、优质的信息服务于宏观决策、公共服务、教学科研等工作。

二、高校智慧图书馆信息资源服务平台的结构体系

图书馆网络信息资源服务平台的建设目标包括：第一,向用户开放服务;第二,从馆藏实际情况出发,满足广大师生在教学、管理、科研等方面工作的具体需要;第三,以前两条为基础,搭建包含馆藏资源建设、网络资源链接等子平台的信息资源服务平台(图4-1)。其中,馆藏资源建设平台拥有馆藏文献信息服务功能、电子文献资源服务功能、特色专题资源服务功能;网络资源链接平台以有序构建并开发网络信息资源链接为主要任务。

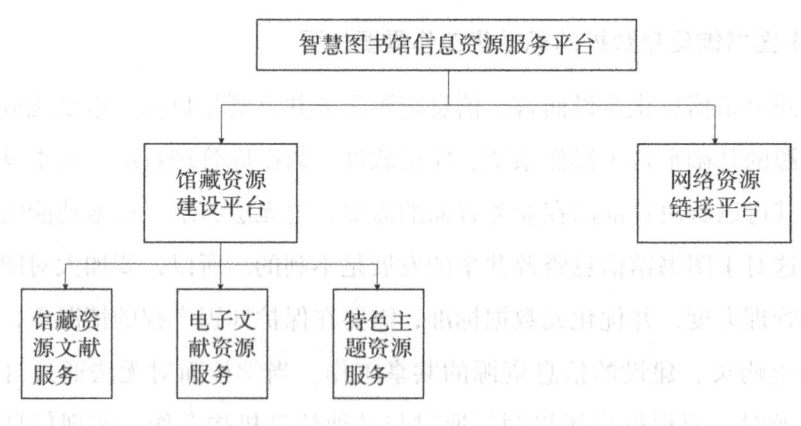

图4-1 信息资源服务平台结构体系

(一)馆藏文献信息服务资源库

在数字图书馆向用户提供的网络信息资源服务中,高校智慧图书馆馆藏文献

信息服务资源建设是重要的组成部分。要想通过现代化的技术手段实现馆内文献信息资源的转换，就要构建包括外文文献书目数据库、期刊目录数据库和馆藏中文文献书目数据库在内的馆藏文献信息资源库。在完成这一步操作后，要不断加工、不断更新文献内容，并根据特定的规范标准，运用数字化技术处理新到的馆藏文献，进而将馆藏文献的最新信息呈现给读者，让他们体验最新的检索服务。

（二）电子文献信息服务资源的整合

电子文献资源具有所占空间有限、信息量充足、投资有限、使用便捷等特征，备受数字图书馆青睐，广大用户可以通过电子文献资源实现对信息的快速检索、快速交流、快速利用。当下，很多高校都引进或建立了很多类型不同的电子文献信息服务资源数据库，并针对师生群体建立了数据库或镜像数据库［如书生电子图书、维普中文科技期刊全文数据库、中国科学引文数据（CSCD）等］，教师和学生可以免费使用。然而，资源库不同，检索方式和数据格式也就不同，使得用户的检索效率十分有限。所以，对电子文献信息资源进行整合可谓迫在眉睫的工作。整合电子资源，要求从具体需要出发，借助能够实现数字资源无缝链接的中间技术软件，将来源、通信协议等方面不同的信息加以融合，实现多类型、多格式的电子文献信息资源的无缝链接，并且要统一设置检索文献资源的入口，让用户仅通过一个界面就可以获得多种所需信息，这符合数字图书馆的未来发展方向。要想实现电子文献信息服务资源的整合，就必须搭建以中间技术为基础的、具备统一性的 Web 检索平台，以便让广大用户根据该平台，从多个数据库里搜索资料。推动电子文献信息资源库建设，不仅要加大对网络电子文献信息资源的采集力度、引进力度和整合力度，还要坚持不懈地整合各种电子文献信息资源，进而让广大用户体验更为高效、更为快捷的电子文献信息服务。

（三）特色专题信息资源服务

任何一个图书馆都有其独有的特藏。图书馆要从本馆特藏、所处地区的特色文化与文献以及学校的办学特色出发，针对中外文献信息开展收集工作、分析工作以及归纳整合工作，并根据专题的不同构建专题数据库，如专业特色数据库、学位论文数据库、地方资源特色文献数据库、馆藏特色数据库等。此外，高校图书馆要以专题数据库为基础规划精品战略，将学科建设作为首要目标，实现信息资源在特定范围内的共享，从而为广大师生的科研教学与管理工作提供更高水平的服务。

（四）信息资源链接服务平台

如果仅存在网络信息资源，用户对信息资源服务的需求是很难被满足的。所以，有层次地对网络信息资源进行组织与开发是很有必要的，因为这种做法可以优化用户接受的信息服务。由于网络信息资源比较广泛、分散、无序、随机，很多被不断转载的信息都是一次性的，并没有经过科学的鉴别与有序的整理或二次开发。作为教学科研的服务机构，图书馆要保证所收集的网络信息资源符合学科特征和特色、具备学术价值。对所收集的信息进行衡量与评价，要从是否足够准确、是否足够科学、是否具有时效性、是否具备学术价值、操作难易等方面入手，而信息馆工作人员要对信息进行组织与仔细排查，并将被甄别后的信息下载到本地服务器，或对其进行链接，为信息资源的二次开发奠定基础，让数字信息孤岛（集成、组合各种质量、结构不同的数字资源）、数字信息超载（对来自 Internet 的海量无序信息进行集成、整合）等问题得以有效处理。

想要对信息资源进行二次开发，需要开展这三步工作：第一步，科学合理地进行分析，并明确主体，确定需要开发的领域与内容范围；第二步，对资源进行采集时，保证分工明确，即根据主题让信息工作人员通过运用搜索引擎、专业信息资源、导航系统的方式分工合作，多角度地分析提供信息的各个网站，并将下载信息的链接站点记录好；第三步，保证组织合理、整理流程有序得当，从主题出发，将信息资源按照类别进行加工整理，进而建立与文摘数据库、全文信息资料库、专业信息资源数据库类似的信息资源库，方便用户搜索，从而满足用户需要。

第五章 高校智慧图书馆学科服务

如今,学科服务已是图书馆读者服务中的重要环节。本章为高校智慧图书馆学科服务,包括高校智慧图书馆学科服务的产生与发展、基于服务创新的学科服务体系构建及高校智慧图书馆学科服务发展趋势。

第一节 高校智慧图书馆学科服务的产生与发展

学科服务源自国外研究型大学图书馆,其服务宗旨是为教学科研提供主动性、专业化和深层次的文献信息服务,自 20 世纪 90 年代引入中国后,不断引起各高校图书馆的关注。在 2015 年 12 月,国家曾经明确下发过有关《普通高等学校图书馆规程》的修订版本,其中就有关于高校图书馆的定义,简言之就是一种学术性质的机构,旨在为人才培养和科学研究服务,在高校的信息化建设中起到了相当重要的作用。与此同时,修订版的第三十条明确提到高校图书馆未来应该努力的方向,就是将现代化的应用技术融入高校图书馆的服务和管理系统中,以不断提升服务水平,为师生学习和研究提供更加学术化的氛围和环境,将用户体验放在第一位,提升馆藏的利用率和服务效率。除此之外,图书馆应该拓展自己的服务领域,结合社会信息的发展趋势,将高新技术也应用到对于高校师生的服务上来,让他们在生活和教学、学习中都能够享受到技术创新带来的红利,开展学科化服务,同时结合高校内不同群体的个性化需求不断制定新的发展战略。随着数字信息技术的不断成熟,用户群体的需求侧重点也发生了变化,人们越来越看重学科服务,继而将其放在高校图书馆的重点发展战略中,也随之为图书馆的转型提供了新的方向和空间。

一、高校智慧图书馆学科服务的产生

随着当前时代信息更迭速度加快,人们也不得不不断创新计算机技术和网络技术,以适应当前的时代变化潮流,如今,互联网技术进入了人们的视野,由此引发了一连串的连锁反应,人们获取信息的渠道和方式方法也发生了天翻地覆的变化。虽然人们想要获得传统形式的文献信息时,免不了会想到高校图书馆,但它并不是获取文献的唯一方式,在公众心中的地位正在不断被取代。如今,已经有一些个人性质和社会性质的学术机构和运营网站进入了人们的视野,如数据库商、自发组织的学术机构、微博和博客等,都可以成为师生在开展教研活动时获取信息的渠道,逐步转变身份,成为文献信息资源的供给者,不断为有需求的人群提供相关的信息化服务,如文化信息的搜索、储存、传递等,同时还可以根据不同群体的需求,制订个性化的服务模式,这显然与传统的高校文献资源服务模式截然不同。

面对信息大环境的转变,高校图书馆为了不被淘汰不得不做出转变,而转型的重点就放在了信息资源服务上。这是因为高校图书馆现在的服务群体比起亲自来到图书馆去查阅资料,更倾向于在网络上获取可以随时随地查阅的海量信息,在搜索引擎、门户网站或是数字文献信息系统中,他们可以不受时间和空间的限制,花费很少的时间找到自己想要的信息。由此看来,高校用户所发展的一系列信息活动,不再单纯集中于简单的信息获取,而是逐渐转变为知识发现。

这些现象促使高校图书馆正视自己的缺陷,迎着新时代的改革浪潮,进行数字化转型,对自己的业务与服务流程进行重构,以获得一种新的信息服务模式,而这应当与传统的图书馆模式有很大区别。显然,这种模式使得信息服务不仅仅停留在课下,而是可以直接应用到教学教研活动的一线,而使用者所接收到的也不是未经筛选和整理过的海量信息,而是经加工整合完毕后的知识体系,以单元的形式存在。这就是图书馆学科服务诞生的背景。经调查研究发现,最早的学科服务源自海外,是采用分领域的方式进行的,经过不断实践后才发展为现在我们所看到的、具有很强对口性质的服务形式,是分专业和学科来进行的。目前,学科服务在一些国外高校十分火爆,具体的开展形式也丰富多样。而中国最早的学科服务开始于 1998 年，也就是清华大学所建立的学科馆员制度。

二、高校智慧图书馆学科服务的基本内容

（一）学科服务的概念和内涵

一般来说，国内外高校图书馆学科服务可以大致概括为三部分内容，分别为用户信息素养教育、学术评价服务和科研支撑服务。所谓的学科服务，主要指的是馆员为保证对口学科的教育教学互动可以正常进行，为其提供的专业化文献信息服务。当然，这一实践过程是离不开参考资讯的，依据的自然是文献信息日益发展起来的多样性和专指性特征。显而易见，这已经与以往传统的资讯服务有了很大不同，新时期高校图书馆已经将满足使用群体的科研和教学的个性化要求作为了最基本的服务宗旨，在身份上也发生了很大的转变，从最开始的基本信息提供者，转变为科研工作的参与者，以往只是处于最基层的服务人员，现在已经一跃成为光荣的教育工作者，图书馆在教师教学活动中的出现次数越来越多，在学科科研方面发挥了不少助推作用，这也使得高校的教育教学发展有了底气和动力。

回顾高校图书馆的历史可以发现，以往它在教育教学中所承担的只是简单的文献查找工作，随着信息技术发展的不断成熟，新一线的教学和科研活动中也可以常常看到高校图书馆的身影，在为满足师生的个性化服务和需求方面发挥了极大的作用，具有知识化和智慧化等特征，但这一切也不是经过改革后就不再改变了，而是随着外部环境的变化而不断转变。众所周知，学科服务离不开数字化的信息技术，而高校图书馆引以为傲的就是储量丰富的教学和文献资源，将数据库资源作为服务开展的载体，将高校的师生作为服务开展的目标对象，服务宗旨就是满足服务群体的个性化和专业化需求，使之不仅能够在教育教学和科研活动中发挥作用，也能够在信息技术的应用方面和学科的建设方面贡献出一份力量。

目前国内外图书馆所开展的具体学科服务主要集中在以下几个方面内容：用户培训服务、学科文献建设、图书馆资源与服务宣传、学科网络资源导航建设等。

（二）学科文献资源馆藏建设

学科文献建设，包括图书馆和对口服务单位的纸质印刷文献和电子文献的使用情况分析和评价，协助制订馆藏建设方案。对学科文献建设而言，高水平的图书馆文献具有覆盖面宽、动态性强、多载体化的特点。图书馆要在用户需求与资源保障之间架起一座沟通的桥梁，并加强与用户之间的联系，帮助读者用户了解图书馆有关学科的文献资源与特色馆藏情况，包括各类数据库、电子期刊、（电子）图书和多媒体资源等，熟悉相关学科的学位论文、名人捐赠等特色收藏，了解用户对图书馆书刊、电子资源的意见及需求情况，帮助用户充分利用图书馆的文献资源，为用户提供最基本、最全面的资源保障。

文献资源建设与学科服务是学科馆员职责的重要组成部分，也有学者强调馆藏建设是学科服务的核心和学科馆员制度能否有效实施的关键。[1] 美国有不少高校图书馆学科馆员的职责都涵盖负责学科的资源建设到利用的全过程。随着图书馆学科服务工作的深入开展，学科馆员在与学科用户的密切交流和沟通中，对该学科的发展与前沿预测产生大概的了解与认识，熟知该学科文献的主题范围与内容选择，在文献资源的购买与建设方面能够给出相对科学与准确的意见和建议。因此，学科馆员在图书馆学科文献资源和馆藏建设方面，具有举足轻重的作用和影响。

（三）开展各种用户培训服务

图书馆的学科服务对象与目标明确，提供了诸如图书流通借阅、用户培训等基础服务。与此同时，高校图书馆相当重视针对目标使用群体的培训，其中主要包含：信息素养课程的开设、电话沟通、QQ 在线咨询服务、参加邮件组讨论、网上培训和个性化指导与培训等各式各样的服务内容。

1. 个性化指导与培训

每个科研工作者都有自己对文献信息与数据处理等方面的独特需求，而在学科服务方面，具有针对性的培训方式尤其重要，如我们常常听说的"一对一"

---

[1] 胡琳，刘倩，姚乐野：《论馆藏资源建设是学科馆员制度的核心——学科馆员制度反思之一》，《图书情报工作》2011 年第 5 期。

和"面对面"服务都是如此,这也是一种十分受欢迎的培训和服务方式。从某些方面来看,它不仅对读者阅读积极性的提升十分有帮助,同时还对与之相关的技能培训起到一定的助推作用。在 Web2.0 时代,图书馆的作用已经不再是简单的"读",而是逐步朝着"写"和"共同建设"的方向去发展,在接收信息的主动性方面也有了很大的提升,最常见的交互方式有电子邮件、表单、留言板、微博、QQ、微信等。学科馆员在面向不同用户群提供个别指导与培训的过程中,积累了丰富的指导与培训经验,完美展现了图书馆的新形象和学科馆员良好的专业素养。

2. 信息素养教育

利用学科馆员具有专业背景的优势,图书馆所开展的学科服务内容之一就是多类型、多层次、全方位信息素养教育。信息素养教育具体包括面向全校的开放课程、馆内滚动培训、用户入馆教育、特色专题讲座、信息专员计划、嵌入式课程或讲座等多维拓展内容。北京大学图书馆开放的信息素养课包括"电子资源的检索与利用""信息素养概论"和国家级精品视频公开课"数字图书馆资源检索与利用";每个学期都会开设一小时讲座,并且根据用户反馈进行主题更新和升级,大致方向包括新手上路(概览性、知识普及性讲座,针对新生)、解锁数据库(针对本科高年级或研究生的数据库检索案例讲解)、激发学术激情(针对论文写作、开题选题、研究结果展示等的手把手指导)、软件达人(数据处理软件的培训与交互式指导),吸引了众多研究生、访问学者和部分老师的关注与支持,并收到了良好反响。

3. 其他形式

深入了解相关用户的科研情况和学术发展动态,为相关用户提供咨询与培训服务,通过带领参观、电话沟通、提供书面材料、现场专业信息培训、参加邮件组讨论、网上培训等方式及时解答用户问题,协助用户进行相关课题的文献检索和提供定题检索服务,与院系学术带头人或科研团队建立联系,逐步做到有针对性地为教学和科研提供不同形式的咨询服务。

(四)学科资源导航(或平台)建设

学科资源导航或平台建设的目的在于将与某学科相关的图书馆馆藏资源和网络学术资源进行统一提取与梳理,在同一个界面或平台上展示给用户,不仅节约了用户的检索与甄选成本,而且有效解决了日益增加的网络资源与用户在有限时间内获取到准确信息之间的矛盾。高校图书馆在支持教学和科研方面建立了多个导航,但各高校之间略有差异,主要包括学科导航(subject guides)和课程导航(course guides)两类,英文文献还有研究指南(research guides)、主题指引(topic guides)等,我们将其统称为学科导航。

国外高校图书馆大都提供学科导航和课程导航,且导航数量比较多,哈佛大学图书馆目前有546个学科导航、78个课程导航;杜克大学有87个学科导航、131个课程导航和42个主题导航。有学者对美国排名前十位的普林斯顿大学、哈佛大学、耶鲁大学、哥伦比亚大学、斯坦福大学、芝加哥大学、麻省理工学院、杜克大学、宾夕法尼亚大学和康奈尔大学进行调研,发现这些高校在科研和教学方面按照师生和科研人员的需求进行学科服务导航,同时提供诸如引用管理、数据分析、图书馆资源介绍等方面的导航。国内也有许多高校建有自己的学科资源导航或平台,例如,上海财经大学图书馆于2011年引进北美地区大学图书馆普遍采用的学科导航平台,开始尝试创建学科导航的一系列服务体系。导航类型包括课程导航(1个)、通用主题(4个)、学科导航(14个)、主题导航(13个)。涉及的学科有工商管理、外国语言文学、新闻与传播、法学、图书馆及情报学、公共经济与管理、社会学等。

学科资源导航(或平台)建设是图书馆提供学科服务的重要内容,借助学科馆员对学科专业知识信息的收集、整理、加工、组织与分析等能力和在图书情报领域的专业能力和网络服务能力,建立面向学科和教学科研用户需求的学科导航,为用户和图书馆工作人员快速定位信息资源提供了极大的便利。

(五)宣传图书馆资源与服务

院系教师和科研人员忙于教学与科研活动,往往无暇了解图书馆提供的馆藏资源和学科服务,馆员有责任和义务宣传推广图书馆的资源与开展的业务。在调研分析用户需求的基础上，有针对性地推出资源服务和提高院系师生信息素养的培训课程。目前，宣传推广图书馆资源与服务主要从以下几个方面入手。

1. 不断加强宣传力度

通过与院系分馆合办活动、向院系投放宣传单、邀请院系在图书馆举办各种活动、在学校网站门户宣传、馆内大屏幕巡回播放图书馆学科服务介绍等方式，加强对图书馆的学科馆藏资源、数据库、数据处理软件培训、学科服务产品的宣传力度，促进用户对图书馆提供的学科资源与服务信息进行全方位把握，让更多用户更直观地感受学科服务的优越性和可利用性。

2. 深入教学与科研一线

许多高校图书馆的学科馆员在最近几年来，纷纷走出图书馆，走进教室课堂、实验室、设计室、院系培训会议等空间，主动与教学科研用户、院系领导等进行交流，并且对于高校图书馆的学科资源与服务进行了详细介绍，使得以往存在于使用者和图书馆之间的隔阂逐渐变得透明、消失不见，同时开始在二者之间建立无障碍的沟通渠道，旨在提升高校图书馆的工作和信息化建设效率。直面研究人员，学科馆员可以根据其科研需求和面对的问题，有针对性地向科研人员进行宣传，改变研究人员对图书馆服务的原有认识与误解。

3. 借助多元载体开展宣传推广活动

Web2.0时代为图书馆的学科服务带来了前所未有的机遇，各高校图书馆纷纷借助多元载体对用户开展多种类型的宣传与推广活动，如创新的传媒技术和营销手法；定期与出版社、高校和企业协会合作举办学术性的讲座和展览会；推广图书馆新书博客、学科博客，在大厅和休闲空间张贴时尚宣传图片和主题海报等。

（六）提供个性化服务

个性化学科服务主要是指依据用户的科研偏好和习惯等满足用户个体需求的学科服务。根据用户的特定需求，对与用户所从事学科领域或主题相关的文献资源、数据、特色馆藏等信息进行梳理分析，以此来提升师生获取信息的广度和深度。除此之外，还可以不定期地将各种数据分析软件等应用到实际的技巧培训过程中，使之帮助使用者在日后的学习和工作中能够事半功倍，还有长时间的信息介绍和宣传活动,在培训结束后为接受培训的人员提供跟踪服务,以帮助他们解决在实际的应用过程中所遇到的问题。与此同时,还可以为不同教育程度、年龄阶段和拥有个性化服务需求的个体量身定做属于他们的文献题录信息和研究方向预测等方面的内容。目前开展的个性化服务主要包括信息推送服务、信息检索服务、课题检索服务、信息中介服务等形式和内容。在大数据环境下,出现基于用户行为建模与大数据挖掘的图书馆个性化服务研究,发现基于流行的海杜普大数据分析平台和计算框架的图书馆个性化服务的应用案例。大数据技术在图书馆个性化服务中的应用越来越广泛。

三、中国高校智慧图书馆学科服务的发展历程

学科馆员的最早起源尚无统一定论,最初是在书目员、参考馆员等基础上形成的,与之相关的概念也比较多,如学科馆员(subject librarian)、学术联络人(academic liaison)、学科专家(academic specialist)、学科咨询馆员(subject reference librarian)、院系联络人(faculty liaison)、研究支持(research support)、信息专员(informationist)、信息咨询员(information adviser)等。最初高校图书馆的学科服务方式还十分单一和固定化,只是简单的分领域服务,随着互联网技术发展的不断成熟,逐渐向分学科、分专业的方向进行转化,以此来提供更具有针对性的服务。

1998年清华大学在国内首次建立学科馆员制度,北京大学图书馆也于2001年起实施学科馆员制度。迄今为止,我国高校学科服务已有近20年的发展历史。各高校的学科服务的发展程度与内容存在很大差异,但在部分高校中已取得显著成效。从"985"高校的发展和建设来看,雄厚资源支持和发展平台,使得这些高校的图书馆建设一直走在其他高校的前列。结合南开大学柯平教授的研究,我们将我国高校图书馆学科服务(或学科馆员服务)大致划分为以下三大阶段。

(一)2000年以前:学科馆员制度引进与学科服务起步阶段

在这一阶段,高校图书馆的运营主要依靠的是引进国外较为先进和成熟的学科管理服务经验,除此之外,因为注意到了学科馆员在图书馆管理过程中的重要

性，所以也开始了与其相关的宣传工作。中国知网数据库中最早关于学科服务的文章是1983年从图书采购角度提出的学科服务，之后学者陆续发表了开发缩微文献资源、外文期刊、医学学科等不同角度的学科服务论文。最先设立学科馆员制度的是清华大学，开始于1998年，主要依靠的是当时的12个院系"图情教授"和14个学科馆员。1999年，东南大学图书馆在机械工程学院、能源与动力工程学院试行学科馆员制度。

以"学科服务"为篇名，检索2000年以前知网收录的期刊文章，仅有45篇，其中涉及的关键词包括重点学科、人文地理学科、科学精神、课程设置、科学人才、科学教育、高等学校、科学素养、信息服务等。

（二）2001—2010年：学科馆员制度与学科服务推广阶段

在该阶段，高校图书馆的学科服务得到了大力推广。例如，2001年，北京大学就已经开始施行学科馆员制度了，而该校的首批学科馆员就是最初在参考咨询部工作的10名员工，随后武汉大学也开始设立学科馆员的岗位。除此之外，江苏大学也于同年在材料科学与工程学院、汽车与交通工程学院和机械工程学院开始试行图书馆学科馆员制度，至2002年，该制度得到全面推行。南开大学的图书馆开始施行学科馆学科馆员制度就是在2002年，当时甚至已经完成了馆员组的建设，第一批馆员组成员总共有6人，而这6位馆员是在整个高校图书馆中经过层层选拔后，最终挑选出来的，随后就进入信息咨询部开始从事有关学科服务的相关工作。而北京师范大学的图书馆则是于2002年的年末才开始引进这一制度，总共有5名馆员担任了学科服务相关的岗位及职责。到了2003年年末，上海交通大学不仅推出了学科馆员制度，同时还推出了"学科咨询馆员——图情咨询教授"的新型服务模式，直至2004年最终确立了岗位职责和人事调动情况。到了2006年，清华大学图书馆已经不满足于简单的学科馆员，而是进一步将其扩充到了专业馆，并对于一些任期已满的教授作出了人事调整，开始扩充图书馆的学科馆员队伍，新加入了许多学生馆员和图书馆教师顾问，如果从文献资源设置的角度来说的话，教师顾问的职责基本上可以概括如下：担任查询专家顾问、建议与反馈、指导学科服务和进行资源建设，其中最主要的职责范围还是集中在资源建设方面。除此之外，高校图书馆员工中的部分学生顾问，主要是由校学生会和研究生会等推举出来的，同时部分图书馆员也参与了决策，最终敲定了学生馆员的人选。

在我国，十分著名的中国科学院国家科学图书馆，就是一般我们所说的中国科学院文献情报中心，也开始在2004年试运行学科馆员制度，最初是从信息服务部和资源建设部中选出了10人来兼任这一岗位，主要的职责范围是培训和联络。到了2006年才正式成立了学科咨询服务部，是由专门的馆员负责的，发展到2007年4月，图书馆共有34人担任学科馆员的相关岗位，其中主要是以外聘为主，而服务范围则是集中于30个城市108个研究所，旨在可以为它们提供更有个性化的学科服务。自首都师范大学主办"高校图书馆学科馆员制度及其工作研究"北京高校图书馆馆长沙龙后，各个研究性质的图书馆也纷纷建立起了学科馆员制度，并认识到了学科服务的重要性，随之在图书馆内部设立学科馆员岗位，建立相关管理规范制度。

有学者采用查看网页、Email（电子邮件）联系、网上咨询等方式对全国百所"211"大学进行调查，截至2005年12月，有25所"211"重点大学图书馆设有学科馆员或学科联络员，华北、华东、西南、华中、华南和西北地区分别有8所、9所、3所、3所、1所和1所；2008年12月则有64所高校设有学科馆员。这些统计数据仅仅来源于网络，并且研究对象只包括"211"高校，显然调查对象范围不够广泛，无法正确反映高校学科馆员发展的全部历史过程。到了这一阶段，不仅是一些"211"高校开始受到影响，建立起了学科馆员制度，一些非"211"高校也纷纷加入改革的浪潮中来，如汕头大学和山西师范大学等。这一阶段，设立学科馆员制度的高校迅速增加，形成规模，学科服务在全国高校图书馆内得到有效推广。

（三）2010年至今：学科服务创新与改革发展阶段

在2010年以前，许多机构和单位图书馆都在谋划学科服务的创新，如中国国家科学图书馆设想将一般意义上的普通学科服务延伸到为重点课题、重点任务和重点研究团队开展深度情报分析和知识服务，通过设立预研项目和广泛设立院所结合的学科服务专项，探索嵌入科研项目的深度服务，实现嵌入式学科服务。根据中国知网的期刊文章数据，以"嵌入式学科服务"为篇名关键词进行搜索，此类文章出现在 2010 年及以后，标志着这一时期学科服务创新与改革发展正式拉开帷幕。从 2012 年对于"985"高校图书馆的馆员服务调查结果来看，我们普遍认为学科馆员的服务主要还是集中在院系联系、学科建设和提供学科的信息化服务上。

与此同时，2010 年 11 月，中国高等教育文献保障系统三期建设项目的第一期学科馆员培训在上海交通大学完美落幕，总共有来自 34 所高校的共 62 名学生参加了这次活动，主要的培训内容集中在学科服务如何融入教学实践中、学科资源的具体规划建设、学科服务的理论基础和相关服务技能等共六大板块，总共涉及近 10 门科目的学习。除此之外，还进行了诸如学科服务支持科研的案例展示和"鲜悦（Living Library）——教师学员互动沙龙"等相关活动。这一培训最初的目标，就是打造出高校图书馆学科馆员培养中的"黄埔军校"，为我国的高校图书馆建设扩充人才队伍，培养出一批富有专业和创新精神的新型人才。从这次的图书馆学科馆员的培训来看，不论是领导层面的重视程度，还是国家政策制度方面的支持，以及馆员反馈和组织策划等，都显现出超乎以往的风范。自此之后，几乎每年都会召开相关的学科服务会议。

北京大学图书馆在 2015 年进行业务与机构调整，组建了研究支持中心、学习支持中心、资源建设中心、信息化与数据中心为北京大学图书馆的学科服务提供强有力的技术支撑和资源保障。不仅为学校师生和科研人员提供全方位立体化的学科服务，而且走出图书馆、走向院系和科研一线，同时为学校管理和决策部门如科学研究部、科技开发部、社会科学部、学科建设办公室、人事部等，提供学科评估和科研态势分析等服务。其已完成的一系列课题和信息产品获得了相关单位和用户的高度认可与效益评价，以及众多高校图书馆同仁的一致认可，并纷纷来取经学习。各高校的学科服务内容与模式不断得到创新与改进，如北京理工大学、北京师范大学、河北工业大学等。

第二节 基于服务创新的学科服务体系构建

一、服务创新

（一）服务创新概述

1. 服务创新的概念

从广义的角度来说，凡是与服务相关的创新活动，最终都可以定义为服务创新；而从狭义角度来看的话，服务创新指的主要是集中于服务领域的创新活动。本书认为，服务创新不限制于服务业，还存在于其他行业。一般来说，我们可以将服务创新集中在以下三个领域，分别为制造业、服务业和非营利性的公共部门。服务在本质上是一个过程，具有易逝性、无形性和不可储存性等特点，服务创新也具有区别于其他创新的独特特征。

2. 服务创新的特征

（1）无形性

服务创新是一个无形的过程，服务创新的结果也是一种无形的概念和标准，如新的服务理念、新的服务方式等。

（2）多样性

服务创新具有多样性。服务创新既包括技术创新，又包括非技术创新。服务创新的形式主要包括形式创新、过程创新、产品创新、组织创新、社会创新、市场创新等。

（3）用户导向性

服务创新以用户需求为导向，具有用户导向性。服务创新充分考虑用户需求，对用户需求进行深入研究，为用户提供更加便捷的服务。用户也应该参与到服务创新的过程中来，及时反馈在使用过程中遇到的问题，为服务创新提供建议，推动服务创新活动的开展。

（4）交互性

服务创新的交互性主要体现在与用户的交互和与企业内部的交互两方面。对于服务创新而言，最主要的来源就是用户的需求和建议。通常情况下，服务创新人员首先听取用户的想法和建议，将其需求作为基本的工作导向，然后与用户进行沟通交流，及时获取用户反馈，从而进行服务创新活动。企业内部的交互主要是领导和员工、员工和员工之间的相互交流和相互学习，将隐性知识外化成显性知识，进行知识共享，以推动服务创新。企业内部交互作用的质量能直接影响服务创新的效果。

（5）渐进性

服务创新的过程是渐进性的，是在原有服务的基础上进行提高的过程，根本性的服务创新较少。

3.服务创新的维度模型

彼尔德·贝克（Bilder Beek）等人于1998年提出了有关服务创新的四维度模型，将服务创新的内容详尽地体现出来，能指导服务创新的实际开发。四个维度如下所示。

（1）创新服务概念

前面在总结服务创新的特征时提到了无形性。无形性就是指服务创新是一个无形的过程。服务创新的结果一般是解决某种问题的新想法、新概念或新标准。因此，服务创新可以说是一种概念化创新。服务企业在创新服务概念时，应明确市场需求变化，深入探索用户要求，洞察竞争者的行为，在这些基础之上改进原有服务、开发新服务，提高企业的竞争力。

（2）用户界面

用户界面主要包括与用户进行交流的方式和为用户提供服务的方式。用户与服务者之间的相互作用是服务创新的重要来源之一。当今服务创新活动以用户需求为导向，注重用户参与，因此用户界面的设计在服务创新中也越来越重要。

（3）服务传递系统

服务传递系统是生产和传递服务的组织。服务企业通过科学管理组织、合理配置人员，推动企业人员进行服务创新，开发新服务。服务传递系统强调组织机构和员工能力应满足新服务开发的需要，服务企业应通过合理安排组织、提高员工能力来使服务创新顺利进行。

(4) 技术

技术是服务创新中的可选维度，在没有技术维度的参与下，服务创新同样能发生。技术维度不是服务创新中的必要维度，但技术维度在服务创新中能起到重要的作用，引进先进技术可以使大多数服务提高效率。

任何一项服务创新活动都是由四个维度进行某种特定组合的结果，单一维度是不能完成服务创新活动的。一项服务创新活动需要形成新的服务概念，与用户进行交流，开发新的服务传递系统，开发或引进相关技术促进新服务的生产和传递。四维度模型中的每一个维度及维度间的特定组合对服务创新的作用都是不同的。因此，服务企业要根据自身特点和市场环境来选择合适的维度，把握不同维度之间的关联，使服务创新活动顺利进行。

(二) 高校智慧图书馆服务创新

显然，高校图书馆要想在新的时代背景下不被淘汰，就需要积极应对在新的环境中所遇到的各种挑战，因而一些服务理念和形式都发生了变化。众所周知，要想实现创新，首要的就是先进的服务理念指导，将其作为高校图书馆日后在创新活动中的思想基础和关键点。对于高校图书馆而言，首先要改变的就是工作人员的思想，不能再仅仅将自己当作基层的服务人员，而是一名光荣的教育工作者，要在不断的实践当中总结经验，发现问题，以此在日后的工作环节中想方设法提高工作效率和质量，对工作人员进行正确的思想引导，使其更积极主动地为目标群体提供服务，以实现服务方面的革新。对于高校图书馆的工作人员而言，他们的服务宗旨可以总结为六个字，就是"一切为读者服务"，这与中南海新华门影壁上的"为人民服务"有异曲同工之妙。要想切实履行这一服务宗旨，就需要从思想方面入手，树立"以人为本"的理念，将这种观念根植于人的内心深处。众所周知，图书馆是一种非营利性质的公共机构和组织，这就需要图书馆在服务建设过程中体现普世价值观，如自由、博爱等。除此之外，还有非常重要的一点，就是不能使图书馆的管理理念固化或过于程式化，重视使用群体本身的个性化需求，这就体现了"一切为读者服务"，在图书馆的方方面面都要将这种理念体现出来。还有，我们处于互联网时代，创新应当主要体现在高校图书馆的服务上面，传统的文献传输功能显然已经无法满足读者的需求了，因此我们在传递信息时，要切实考虑到使用者的总体需求，将知识信息进行加工和整合。由此，在满足读者需求的基础上，我们要将符合时代特点的新兴技术应用到图书馆的管理和建设中，如云计算和大数据等，将相关的数据信息整合起来，对其进行加工和处理后再将其传递给读者，同时也要注意听取读者的反馈，可以定期进行读者回访工作，从以往封闭式的信息获取服务转向开放式，这样有利于日后高校图书馆的建设和发展，为其开展个性化和极具创新性的活动打下基础，以此来形成多元化的知识服务体系。对于高校建设而言，知识服务体系的建设和完善对于吸引人才和进行学科建设是可以起到相当程度的促进作用的，这也是高校图书馆紧跟时代潮流的一种表现。当高校图书馆开始注重服务时，切不可本末倒置，要始终将读者放在第一位，将"以人为本"的理念贯彻到服务流程始终，找到一种既满足读者需求，又方便、快捷的服务方式。

随着互联网技术的日益成熟，网络上开始不断涌现出一些交流工具，微信就是使用群体最为广泛的一种。由此，高校图书馆可以申请建立自己的微信公众号，为图书馆打下良好的群众发展基础，在提升了读者基数的同时，还可以将社交媒体本身所具有的交互性和服务功能发挥得淋漓尽致，如图书馆所举办的各类读者活动或是相关的公告信息等，都可以发布在这上面，帮助读者及时了解到图书馆所发生的变化。除此之外，图书馆在公众平台上也可以发布相关的图书信息或是自己对于价值观和生活的感悟等，这也是一种很好的宣传手法。高校师生在微信公众平台上可以随时了解有关图书馆的动态和服务内容的变化等，这从本质上看就是连接读者与服务供给者之间的一个重要枢纽。正是因为这样，近些年来，高校开始逐渐向智慧化和数字化方向转型，开展各式各样的创新活动，而微博和微信等网络媒体平台就是再适合不过的"人选"了。

二、高校智慧图书馆学科服务体系的构建

（一）学科服务体系构建的原则

1. 以用户为中心的原则

互联网信息技术融入高校图书馆的程度越深，我们越能意识到图书馆资源的重要性，因而高校图书馆的服务重心发生了转变，从"馆藏"转向了"资源"，这也在一定程度上说明了图书馆的服务是"人本位"的。对于高校图书馆而言，之所以向学科型和知识型方向转型，为的就是能够为使用群体提供最优质的信息化服务。由此，在进行改革时要充分认识到"人"的重要性，始终将"人"放在第一位，关注用户的需求和体验感，这不论是在进行项目设计还是进行前期项目调研时都是十分重要的。只有真正将使用者放在了服务的首位，才能构建出"久盛不衰"的服务体系，在不断的实践过程中获得有用的经验，顺应新时代的发展要求而长久存在，在高校的教学教研活动中始终占有一席之地。

显而易见，学科服务体系是将"人"作为管理核心的，是一种以"资源建设"为主要服务和管理方向的创新型模式。它将用户的体验感永远放在第一位，服务内容的制定都是根据实际使用群体的需求来进行改变的，让使用者作为"管理者"也参与到实际的管理过程中来。

2. 重点建设原则

所谓的重点建设原则，指的就是在人力和物力方面受到了一定限制，因而在进行实际的学科服务的过程中，将学校的重点学科作为主要服务的学科对象。通常情况下，对于高校图书馆，尤其是那些专业性不强而综合性极强的图书馆来说，要想对高校所设置的所有学科都提供针对性的服务，显然是不现实的。因而，面对这样的情况，我们往往建议学校选出自己的优势学科，进行重点的学科建设工作，将资源都集中在有发展潜力的地方，作为高校发展学科服务的第一梯队，当建设逐步走向正规后，再将服务方向逐渐转向那些非重点和非优势的学科。

3. 互动性原则

所谓的互动性原则，指的就是在进行学科服务时，要尤为关注用户的参与感和体验感，将各个学科之间联系得更加紧密，同时在学科和使用群体之间构成双

向循环的信息流,以此来形成信息、空间和人员方面的互动。显而易见,这时的学科服务与以往图书馆的服务方式已经产生了本质上的不同,已变为双向的,不再是由图书馆员单向地向使用者提供服务,使用群体也同样需要向服务者提供反馈。众所周知,学科服务体系建设要想一直持续下去,就需要双方共同努力,在不断的实践过程中形成良性和积极的互动关系,这样的学科服务才是真正有效果的。

4. 开放性原则

开放性原则是指将服务体系构建重点放在服务实施的技术环境上,尤其是在当今的 Web2.0 时代中,技术环境建设是离不开"开放"二字的。例如,在进行学科服务体系建设时,我们免不了要使用开源软件或是对外开放数据转换器,或是向部分高级用户开放部分权限,这都可以看作是学科服务体系构建开放性原则的体现。其实,从某些方面来看,这些学科服务的体验者本身既是消费者,又是创作者。一个完整学科服务体系的构建,仅由图书馆一方来完成是不可能的,双方都应该参与进来,开放性系统是允许用户自由导出或写入的,这也在一定程度上体现了"人本位"的服务原则。

5. 可持续性原则

众所周知,学科服务体系的构建不是一朝一夕就能够完成的,而是需要持久不断的。因而,在具体的实践过程中,体系内部的各个构成要素都要通力合作,积极和谐地互动,才能使得整个体系的运作处在正轨上。除此之外,我们还要将体系内外环境中可能发生的一系列因素都考虑进去,并认识到体系运作的原动力是用户本身以及用户需求。由此,在面向个性化的用户需求时,我们需要根据实际情况对于体系不断进行完善,提升馆员的服务意识,增强合作能力,在不断提升用户满意度的过程中,保证体系的内部系统始终良性运转,保证学科服务体系始终都是有发展潜力的,具有可持续性。

(二)学科服务体系构建的前期规划要素

1. 馆员因素

影响学科服务体系前期规划的首要因素就是馆员,也就是开展学科服务的主体，因此我们必须重视对于学科馆员队伍的建设和统筹规划。一般来说，以下几点我们在进行学科馆员队伍的建设过程中要尤为注意：一是馆员数量，既不能太多，也不能太少，只有这样才能产生规模效应；二是馆员的工作流程，应注意先从基础做起，切不可好高骛远；三是馆员队伍的团队建设，在开展工作时，过于独立对于完成整个工作流程、进行沟通或者交流其实是不利的，要以团队的方式展开合作；四是馆员工作要得到上级的有力支持和其他部门的通力配合；五是要加强馆员的绩效考核，尤其是在用户满意度上要尤其注意；六是要保护馆员工作的积极性和热情，这样才有利于工作的顺利开展和完成。

2. 学科用户要素

学科用户也是我们在进行学科服务体系构建前期规划时的一个重要影响因素。我们所说的学科用户其实包含了许多层次的高校师生群体，如本科生、硕博研究生、科研人员和教师等，甚至连对该学科有兴趣的人也可以纳入其中。那么，我们为什么要划分学科用户层次呢？原因在于服务的差别性就是根据用户层次的特性来决定的。个性化的学科服务，应当根据用户处于不同年龄层次、受教育程度不同或是用户学科需求等设置自己的服务内容和方式方法。例如，对于学生群体而言，他们更加看重的是信息资讯和素养教育等方面的服务；而对于科研人员或教师来说，他们的服务需求集中在教学教研方面，看重的是其能否与学科教学进行深度融合，希望获得更有针对性的学科服务，以及在课题选择方面获得一些帮助。

3. 学科服务技术要素

对于学科服务而言，还有一点非常重要，那就是技术环境的选择，这一点在当下的全球化和信息化时代中尤其重要。而对于具体的图书馆学科服务而言，成本核算、硬件基础和技术选择都是需要加以统筹规划和安排的。众所周知，不同的技术自然有不同的特点，根据不同的环境要选择不同的技术来支持，因而在进行学科服务建设时，各个高校一定要充分挖掘自身的学科建设特点，选择适合自己的技术和硬件。与此同时，不可一贯地依赖技术，也拒绝通过"炒概念"这种方式来吸引目标群体，要真正将技术用在实处，这样才能取得切实的效果。

4. 学科信息资源要素

学科信息资源所包含的内容是十分丰富的，有馆藏电子资源、馆藏纸本资源和网络开发获取资源这三大基本类型。同时应注意，根据不同资源，我们要选择不同的学科服务形式。例如，针对纸本资源，我们可以按照不同的学科分类设置分馆；针对电子资源，我们可以将服务重点放在用户培训和学科导航上；针对网络开发获取资源，可以考虑在学科导航基础上，再运用 Web2.0 技术提升用户的体验感，以获得更好的效果。

（三）学科服务体系构建的主要策略

1. 先期调研与分析

众所周知，在构建学科服务体系前一定要进行充分的调研和分析工作，因为只有这份工作得到保证后，日后整体构建出来的方案才会是切实可行的。通常情况下，我们会将前期调研与分析工作大致分为以下四部分。

（1）现状分析与发展方向预测

这部分的前期调研工作，主要是运用网络和文献调研法进行，主要针对国内外的学科服务体系和理论实践，掌握现在世界上整体的学科服务体系建设水平，对于现状有基本的了解，同时依据所搜集的资料进行案例的评价和分析，找出适合自己的一套服务模式和手段，最后确定该校图书馆的发展方向。

（2）用户需求调查分析

我们主要通过电话访问和问卷调查等方式，对学科用户的个性化需求进行基本调查，其中用户的使用行为、科研需求和偏好等尤其需要注意，同时根据这些基本需求，设置学科服务的重点和主要切入点。

（3）服务基础要素分析

图书馆内的基础服务要素，指的主要是组织结构、人力资源情况、馆藏资源、软硬件设施以及服务环境等。在分析这部分的内容时，我们可以选用 SWOT 分析法，这样就可以十分清楚其中的优劣势，明晰现阶段所面对的具体环境特征，分析现在的机会与挑战，这也是未来图书馆发展规划的重要参考"数据"。

（4）制订调研分析报告

这部分的工作就是将前期所进行的各个部分的分析报告进行汇总，最终整理出一份完整的总结分析报告，作为后续工作开展的基础。除上述的现状与发展方向、用户需求和服务基础设施等方面的调研分析外，还应当对图书馆的发展模式规划提出建议和想法，以为正式方案的制订提供依据。

2. 制订目标与方案

我们要想保证正常运作的图书馆学科服务建设，需要在开始前明确服务的目标和方案，这样才能做到有迹可循。一般来说，开展学科服务的目标可以分成不同的层次，包括整体发展目标、个人目标和项目组目标等。而未完成事件的目标应当是循序渐进的，不可过于空泛，如果失去了现实的指导意义，就无法达到目标应有的激励作用。我们在既定目标的指导下，就可以制订具体的学科服务方案，其中政策规范、人力资源、组织结构和服务模式等方面都应该得到具体的规划。

3. 方案的实施

我们认为，方案最终实施落地的过程就是开展学科服务中最核心的部分，也是学科服务体系构建最终实现的过程。因而，对于图书馆的组织管理方面要尤其重视，最终建成自上而下的服务体系和目标方案，这样才能在日后有序地开展工作。

4. 服务效果评估

但是，高校图书馆的使用群体最看重的不是过程，而是结果。所以我们要建立一套针对使用者的评价体系，而这套体系是以使用者来主导的，第三方也可以参与，是一套更为客观和侧重效果评价的体系。对于具体的评估，我们不仅可以采用信息化平台的统计功能进行，还可以定期开展用户调查，这也是获得用户评价反馈最为直接的一种方式。学科服务的互动性特征是十分明显的，所以我们就更应该在服务的开展过程中嵌入一套针对使用者的反馈和评价机制，这样才能保证最终的服务质量和效果，以及用户的体验感。

（四）学科服务体系构建中的相关保障制度

1. 不断改善服务方式与服务内容

从近些年的高校图书馆发展情况来看，学科服务体系的建设在各大高校逐渐兴起，表明我国的高校图书馆都在新时代的环境下不断开展创新活动，但是因为这项创新项目在业界的发展时间还不长，因而并没有很多可供借鉴的成功案例，这就需要我们自身在不断的实践探索过程中能够根据自己的实际情况自主完善服务体系，能够确保这一项目始终遵循可持续发展原则，是能够持续下去的。同时，对于这一项目的建设不可半途而废，要将其看作一类长期发展项目，看重它的长期"效益"，要建设完善的评价制度，这样就为后续的创新发展提供了思路，能够保证学科服务的有效性。

2. 建立用户评估机制

从上文中可以得知，高校图书馆学科服务体系的构建并不是由馆员单向完成的，而是由其与用户群体共同完成的，用户的反馈和评价对于学科服务体系的构建是十分重要的。我们也可以说，如果没有用户评价和反馈这一环节，那么这项工作的开展也就完全没有意义了。由此，我们应该意识到，在学科服务体系的建设初期，就应当建设用户评价制度，这样才能够对服务内容和方式等的施行及时进行"复盘"，查找自己在工作环节和流程上的缺陷，然后及时完善，这样才是一种对工作认真负责的态度，才能够从多层面深入认识使用者这一群体。

3. 推广与宣传

众所周知，一个项目要想顺利开展，吸引用户群体前来，推广与宣传是必不可少的一个环节，这一理念应用到高校图书馆的学科服务开展上也是同样适用的。按照现代营销学的观点来看，图书馆是一种非营利性质的机构，那么该如何让用户认识和了解到其中所包含的信息价值呢？这就需要开展一系列的营销活动。例如，可以充分利用高校内部的信息网，如校园网或论坛等平台开展宣发工作，使用户了解到目前图书馆所提供的一系列学科服务，并乐于去体验和参与。由此看来，要想获得好的服务效果，也是少不了推广与宣传这一重要环节的。因而，我们在为图书馆用户提供服务时，要始终将其放在第一位，如果没有用户来使用和体验，那么这一切也就失去意义了。

第三节 高校智慧图书馆学科服务发展趋势

一、学科馆员的新角色

我国的高校图书馆馆员制度最初开始于1998年，经过了数十年的发展，图书馆的学科馆员工作也发生了深刻变化。在学科服务开始建设的初期阶段，其主要的职责范围是参考资讯、用户的培训和联络等。但是随着信息化趋势的日益加深和用户需求的改变，早期的学科馆员的工作定位显然已经无法适应新时代的要求，因此，在不断完善高校图书馆的学科服务建设体系的过程中，我们也要注意到学科馆员的职责变化，要及时对其进行重新定位，丰富其工作的职责范围。

在2005年，鲍尔·米勒（Paul Miller）博士首次提出了一种不同的图书馆服务理念——图书馆2.0，经过长时间的发展，这一理念已经从理论变成了现实，越来越多的Web2.0技术出现在了图书馆的服务中。而学科服务已经逐渐成为图书馆服务中的一个重要组成部分，因而有相关学者将研究重点放在了这上面，随后就提出了"学科馆员2.0"的概念，并对这一工作岗位进行了重新定位。有关这部分内容，在2009年美国研究图书馆协会（Association of Research Library，简称ARL）就曾对此进行了论述，并将其发布在了相关的特刊 *A Special Issue on Liaison Librarian Roles* 上。大家一致认为，学科馆员的角色定位应该延伸到学术传播、拓展学科馆藏、制作信息素养教育指南等全新领域中。除此之外，我们还应该清楚，学科馆员这一岗位应当是随着图书馆的变化而变化的，但是归根结底，它的实质永远都是为使用者提供其所需的信息服务。

二、学科服务内容的新发展

通常情况下，高校图书馆学科服务包括3部分基本内容，分别为信息素养教育、参考咨询以及院系联络和信息资源建设。但是，随着图书馆2.0服务的不断深入，我们发现学科馆员的工作内容也发生了转变，有了新的发展方向。在新时代，高校图书馆的学科服务对于用户的使用需求的满足会变得更加主动和积极，也会以不同的方式融入一线的教学和教研活动中，为其提供广泛的信息资讯服务。

与此同时，学科服务也逐渐向合作的方向展开，各个高校的图书馆之间建设了共享资源的渠道，在这样的条件下，图书馆学科服务的深度和广度自然就得到了提升。

三、学科服务新趋势——嵌入式学科服务

随着信息技术的不断发展和成熟，以及便携式计算机开始进入千家万户，高校图书馆的使用者也开始接触到了截然不同的信息环境，这就要求图书馆的学科服务适应新的外在环境，这时，图书馆就不再是一个简单的物理空间，而是集知识重组、整理与组织等功能于一体的文献信息中心。因此，在这样的形势下，图书馆的学科服务不可故步自封，要积极地加入整个高校的学科建设，在一线的教学工作中发挥自己的一份力量，换句话说，就是将学科服务嵌入教学与科研之中，同时利用网络平台与使用者建立更加紧密的联系，从而达到最初所设定的嵌入式学科服务目标。所谓的嵌入式学科服务同样是将"人"作为服务的主体对象，旨在构建一个可以为其提供个性化服务的信息保障环境。我们通常在设计这类嵌入式学科服务时，会将学科作为最基本的单元，以此为基础来进行深入的信息服务，然后再进行资源组织、机构重组和服务设计等具体化服务内容。这种服务方式并不是一开始便产生了，而是在不断发展的过程中，经由长时间的经验总结，最终产生的一种信息服务形式。同时，这种服务理念的引入，可以帮助图书馆的学科服务工作更上一层楼，使其从新的信息发展视角看待整个服务体系，将"为用户服务"的思想体现得淋漓尽致，这也是图书馆未来发展的整体趋势。

第六章　高校智慧图书馆阅读推广服务

　　本章为高校智慧图书馆阅读推广服务，分析了高校智慧图书馆阅读推广服务释义、高校智慧图书馆阅读推广服务模式研究及高校智慧图书馆阅读推广的实践探索。

第一节　高校智慧图书馆阅读推广服务释义

一、阅读推广与图书馆阅读推广

（一）阅读推广

　　所谓的"阅读推广"其实是一个外来词汇，最开始的英文原词为"reading promotion"，它在我国的图书馆学界中一直被广泛应用至今。其实，"promotion"一词的含义十分丰富，可以翻译成"促进""提升"，也可以译成"推广"。也正是因为这样，有许多学者将其称为"阅读促进"。1995年11月15日正式确定，每年4月23日为"世界图书日"，旨在推动更多的人去阅读和写作，之后联合国教科文组织又发起了"全民读书"活动。由此，我们可以在众多国际图书馆协会联合会和联合国教科文组织以及其他相关机构所发布的信息或公告中看到"reading promotion"一词，"阅读推广"也就正式出现在了大众的视野中。

　　自联合国教科文组织发出倡议后，我国也迅速响应并加入其中，同时将这一全新的概念引入国内，并最终确定译为"阅读推广"。至此，这一词汇迅速被我国的相关行业或领域，如出版行业、图书馆学界接纳，并开始频繁出现在公告信息或出版物中，成为那些吸引读者阅读的活动的总称。

　　事实上，虽说"reading promotion"这一词汇的应用范围是十分广泛的，但至今仍然没有一个确切的学术性定义,甚至在《公共图书馆宣传推广与阅读促进》《阅读推广手册》等相关图书中也无法找到其相关含义。随着"阅读推广"在社会领域中逐渐被接纳,甚至被众多媒体频繁使用,有多位学者开始尝试对"阅读推广"下一个相对准确的定义。在华东师范大学范并思教授的相关文章中,我们可以看到,其中虽然论述过阅读推广具体该怎么做、为什么要进行等,但对于其定义却没有直接回答。除此之外,还有学者认为,阅读推广主要指的是为培养读者的阅读兴趣或习惯所开展的一系列图书推介活动,或是读者活动。还有的专家学者将其他人的想法和观点进行了整合,最终所解释出来的就是"推广阅读"。换句话说,就是由组织、机构或个人主办的、以促进人们养成阅读习惯或培养阅读兴趣为目标的相关活动。如果更加详细地来说的话,那就是为促进人类这一群体阅读,经由组织或个人采取一系列方法或途径,增强阅读本身的影响力,拓展阅读范围,使人们自愿加入阅读的队伍中,并积极参加相关的文化活动,或从事相关职业。

《大学图书馆学报》副主编王波也曾在其所写的一篇文章《阅读推广、图书馆阅读推广定义——兼论如何认识和学习图书馆时尚阅读推广案例》中论述到有关阅读推广的定义,虽然这一说法是在前人的基础上修改得来的,那就是:阅读推广的战略目标意义在于,推动人们参与到阅读活动中去,以此来提升社会大众的文化素质水平,将国家的民族软实力提升上来,以此来加快民族富强和国家振兴。同时,这是由各国的机构或个人所发起的,为培养民众的阅读习惯和兴趣、提升民众的阅读素养和水平所开展的一系列活动。

综上所述,我们可以总结出,阅读推广活动的主要内容就是图书推介,同时这项活动是具有公益性质的,并不是为营利而举办的。从读者的角度来看,这是提升阅读兴趣、培养良好阅读习惯的一条有效途径,可以帮助人们在活动中结识许多良师益友,了解来自不同人的阅读感受。而从推介者的角度来说,举办阅读推广活动的最终目的就是提升图书的利用率,以此提升人们的思想文化素质,推动社会进步。

（二）图书馆阅读推广

1. 图书馆阅读推广的概念

其实，"图书馆阅读推广"与"阅读推广"在本质上并没有很大的差别，即使这个词汇在图书馆界还十分新颖且受到追捧，在多数人的意识中已经形成了一个较为清晰的概念，但事实却并非如此。研究发现，在学术界，已经有众多专家学者都对"图书馆阅读推广"这一概念进行过探索，但因为受到现实情况中图书馆图书推广活动和图书馆的营销，以及宣传活动等其他因素的影响，至今仍没有人给出一个能够被大众和学界接纳并且毫无争议的定义。

众所周知，在学术研究工作中，概念界定是十分重要的一个环节，要想完成这一工作，首先要做的就是要确定概念的边界，换句话说，就是先明确图书馆和其他机构的图书推广的异同点。从当前社会经济和高新技术的发展现状来看，信息变得海量和碎片化，这就要求社会公民具备基本的自学能力，而这时的阅读推广也由补充和零星式服务，转变成一种主流和联动式服务形式，在当今时代的网络、电视、报刊中十分常见，当然最重点的推广领域还要属图书馆行业。至今仍有许多专家认为，过去20多年来图书馆行业最大的变化，就是阅读推广活动成为主流。而与图书馆不同的是，虽然其他机构也同样有阅读推广活动，但从含义上来看已经发生了转变。一般来说，我们认为图书馆层面的阅读推广是从较为狭义的角度进行的，这是因为它所推介的图书只能是自己的馆藏，对于其他类型的图书是没有推介权力的，这是从保障读者的权益角度来说的，为的就是保障图书馆馆藏的流动率和利用率，从而保障读者积极投身到阅读活动中。而对于其他的机构而言，阅读推广的含义是从比较广义的角度来说的，意思就是除了自有资源外，这些机构还会向读者推荐其他的图书资源，以此来达到培养其读书兴趣和阅读习惯的目的，而这时的图书推介活动是具有一定商业性质的。

由上可知，我们可以认定图书馆举办阅读推广活动的最终目的其实就是获得读者的关注，以此来提升自身馆藏的利用率。南开大学教授于良芝曾经在其2014年所发表的论文《图书馆阅读推广——循证图书馆学（EBL）的典型领域》中提到过有关美国的相关学者在研究过阅读推广案例后所得出的一条结论："凡是能够将读者的注意力从海量馆藏引导到小范围的有吸引力的推广方式，都可能提高图书馆的流通量。"这个看法在阅读推广领域掀起了一阵狂潮，值得我们去深究。众所周知，图书馆的馆藏是十分丰富的，聚集了众多的文献资源，虽说这在一定程度上为读者阅读提供了便利，但是也在无形中为他们增添了许多困惑，最终使得其中的一部分书无人问津，最后就变成了"死书"，其原有的价值也就不能体现了。由此，图书馆在进行图书推介活动时，应有意将读者的注意力从海量图书上吸引开，转移到一小部分图书上，以此来促进馆藏流通量的提升。我们可以基于此将图书馆的阅读推广定义为：在小范围内宣传部分馆藏的做法。

我们在平常生活中所看到的那些图书推广活动，多是显性的，如书评比赛或是书友会等，但是图书馆有时也会推出一些具有隐性性质的图书推广活动，如展览或信息检索大赛。但是对于那些隐性的阅读推广活动，在学界中有一部分学者持有不同的看法，认为这与"阅读推广"在本质上是有所不同的。那么，我们究竟该如何定义这一类活动呢？最好的办法就是将活动的最终目的作为评判标准，如果最终的目的是吸引读者注意力，并达到了增大馆藏流通量的效果的话，那么我们也可以将其称作"阅读推广"。

综上所述，本书认为"图书馆阅读推广"的定义应当是这样的：所谓图书馆阅读推广，指的就是图书馆充分利用自己的资源，也就是馆藏，来谋划一些富有创意和具有丰富内涵的互动，以此通过直接或间接的形式来达到流通馆藏的目的，以培养读者养成良好的阅读习惯，提升他们的文化素养，其中的核心内容就是馆藏推荐和读者发展。

2. 图书馆在阅读推广中的作用

（1）图书馆是开展阅读推广活动的主要阵地

众所周知，阅读推广活动是较为系统化的一项工程，也就是它仅仅靠个人或是一个机构的力量是无法完成的，需要将全社会的力量统一起来。图书馆通常是作为一定区域范围内的文化中心而存在的，拥有十分丰富的馆藏资源，有舒适的阅读环境和专业的人力资源配置，这就是图书馆成为主要阅读推广活动阵地的主要原因，其在活动的开展过程中应当充当组织者或是倡导者这样的角色。

除此之外，图书馆还是社会主义精神文明建设的重要阵地，应当充分体现出社会的公平正义。《公共图书馆服务发展指南》明确指出，图书馆内的各项服务是必须要面向全部社会成员开放的，这是一条最基本的原则，像是因为团体的缘故而排斥其他成员，这种现象是不能出现的。这是因为，对于那些因为某些原因无法享受到社会主流服务的群体，也要保障他们享受阅读空间和图书馆服务的权利，如残障人士等。除此之外，我们要明确：每个人都是有享受图书馆服务的权利的，不论这些使用群体的年龄如何、种族和性别如何、宗教信仰或语言如何，都不应该限制他们进入图书馆。由此可知，不论是老人或是幼童、是学生还是社会工作人士、是本地人还是外地人，都可以获准进入图书馆查找文献资料，通过阅读来增广见闻，来完善自己的知识体系，抑或通过阅读来使自己的身心得到放松，消磨时间。由此看来，图书馆可以看作是"城市教室"，具有全民教育的职责。

另外，图书馆在公共文化服务体系中所占据的位置是十分重要的，是可以满足社会公众阅读的多样化需求的。学者王艳也曾经在自己的文章《图书馆与大众阅读关系研究》中指出："阅读也是一种个人的行为，受到阅读主体的阅读习惯和阅读爱好的影响。"随着计算机技术的不断发展和成熟，网络通信技术也随之发展起来，社会文化呈现出多元化的特征，这自然也会影响到人们的阅读习惯或阅读兴趣，而全民阅读也逐渐分众化，每个人的爱好基本上都有很明显的差异性。由此，面对大众需求的转变，图书馆能做的只有尽最大努力去完善自己的服务体系，扩充自己的馆藏量，丰富图书馆馆藏的学科架构和体系。

（2）图书馆是地区文献信息中心，为阅读推广提供文献信息资源保障

在当今信息更迭速度如此之快的社会，文献的更新速度自然也今时不同往日，信息传播渠道因为互联网技术的不断成熟而不断扩充，人们对于信息的需求也越来越多、越来越细，但是因为自身的支付能力有限，很难赶上信息的更新速度和价格的变化速度，而图书馆就在这方面具有得天独厚的优势，不论是在文献信息的管理上，还是在文献信息的丰富程度上，都是其他机构或是个人无法比拟的，在阅读方面的准确性、实效性和系统性要求上都能够提供保障。

众所周知，图书馆是"知识的宝库和殿堂"，是一定区域范围内的文献中心。图书馆最基本的职能就是保护人类宝贵的文化遗产，在历史上同样也可以被看作是现代文明的一种标志，其中所蕴含的文献信息资源的丰富程度是不可想象的。

除此之外，不仅是储备文献信息的数量，从内容角度上看，囊括的范围不仅十分广泛，还具有十分系统的学科体系，其中有自然学科、社会学科和哲学等，完全可以在文化思想激荡的情况下稳住后方，保障读者的思想不被外来文化所侵蚀，始终坚持自己的价值观和人生观，起到"文化旗帜"的作用，用先进的思想和宝贵的文化财富引领时代文化潮流，促进全民阅读活动始终朝着健康的方向发展。

众所周知，文化水平在国家之间的软实力竞争过程中起着举足轻重的作用，因而政府也越来越重视国家的公共文化产业，这也为公共图书馆的未来发展奠定了良好的政策基础和物质基础，使其得到了迅猛的发展。

（3）图书馆具有提高民众综合素质的教育功能

众所周知，社会上的公共图书馆有一个重要职能，就是开展社会教育。所谓教育，我们一般有两种理解方式，一是广义的理解方式，就是社会教育，凡是可以为人们传授知识和促进其思想、道德品质和品德等发生转变的活动，都可以称为社会教育；二是狭义的理解方式，就是专指学校中的教育活动。通常情况下，人们将图书馆教育看作一种社会教育形式。可以这样理解，公共图书馆就是一所传递知识和信息的"城市学院"，但是这所学校是不设进入门槛的，人们可以随时随地自由进出，没有限制，终身都可以进出，是社会公众进行再教育和终身学习的一个绝佳场所。1994年修订的《公共图书馆宣言》中就有明确说法，其中指出："公共图书馆，作为人们寻求知识的重要渠道，为个人和社会群体进行终身教育、自主决策和文化发展提供了基本条件。"由此看来，公共图书馆的社会教育职能是由其本身所具有的特质所决定的。除此之外，图书馆还在深化素质教育过程中发挥了突出作用。第一，注重对于社会公众综合素质的提升和培养。第二，图书馆可以满足社会公众的多样化和个性化的阅读需求，这一点主要体现在馆藏资源丰富上。与此同时，图书馆在人员队伍的建设上也考虑到了读者的阅读需求，馆员可以帮助和引导读者进行正确阅读，他们自己也往往具备丰富的知识储备。

（4）图书馆提供阅读的平台，利用专业知识指导全民阅读

对于图书馆而言，它们服务读者的方式就是为其提供舒适的阅读环境，运用先进的技术方便读者的文献信息筛选与查询、提供丰富的馆藏资源和建设高素质的人才服务队伍等，这些都能够使读者在图书馆这个空间内享受到图书和阅读所

带来的愉悦。从某些方面来说，图书馆的外在环境对于读者的内在心理是有一定影响的，在舒适的环境下，有了阅读的气氛，读者自然就更愿意打开书本，沉浸到书本的世界中，在图书馆中由心地体味阅读的乐趣。除此之外，图书馆本身所具有的阅读氛围，也会不自觉地吸引一部分读者，让他们加入这个队伍之中，作为引导读者持续阅读的一个关键因素，同时图书馆还可以为读者提供一个舒适的阅读平台。

另外，在图书馆的人才队伍中有着这样一批人，他们长期从事阅读指导和文献整理等相关工作，因而能根据读者多样化的阅读需求提供多样的指导和建议，从他们的阅读目的、技能等方面出发，为他们推荐最适合的图书。正是因为这样，以工作阅历和经验为基础，开始有大量的专业人才加入图书馆的服务体系建设中来，根据读者的需求为他们提供相应的阅读指导服务，帮助他们提升自己的阅读水平和改善自己的阅读习惯，扩大自己的阅读范围。除此之外，图书馆中的工作人员还可以依据不同人才需求为他们传授相应的文献检索知识，这样就可以帮助他们快捷、迅速地完成文献信息检索工作，同时也在无形中帮助他们养成自主学习的能力。

二、高校智慧图书馆的阅读推广

（一）高校智慧图书馆的阅读推广主体

所谓的阅读推广主体，指的是那些对于相关项目进行策划组织和实施管理的组织或者部门。从高校图书馆的角度来说，这时的推广主体既可以是图书馆中的几个部门或是组织（如学生社团），也可以是图书馆整体。从当前的国内高校开展阅读推广的现状来看，主要可以分成两部分内容，一是由几个部门合作完成的，从各个部门或组织中选取人员从事专门的活动组织和策划等方面的工作，组成专门的小组；二是由单独一个部门来完成的工作，这时负责阅读推广活动的就主要是阅读推广部、信息咨询部和读者服务部等。

从近些年的发展趋势来看，"全民阅读"逐渐深入人心，再加之建设书香社会的影响，阅读推广工作逐渐形成了一个系统化的工程体系，具有内容复杂、参与范围大和持续性强等特点。到现在为止，高校图书馆开展阅读推广活动的主体已经不再限于其本身了，社会上的一些组织或是高校的行政部门也逐渐参与其中，最终使得推广主体呈现出合作化和多元化特征。

（二）高校智慧图书馆的阅读推广客体

顾名思义，高校图书馆的阅读推广客体，自然指的就是那些由主体所推广的内容。在本书看来，高校图书馆的推广客体核心应当是读物。而图书馆的馆藏主要可以分为三部分内容，分别为馆藏纸质文献资源、数字资源和其他资源（如真人图书）。从文献类型的角度来看，往往那些被奉为"经典"的读物会成为人们的推广对象。北京大学教授王余光曾经在其所著的《阅读，与经典同行》一书中写道："我们常说的经典，是指那些具有重要影响的、经久不衰的著作，其内容或被大众普遍接受，或在某个领域具有典范性和权威性。"因而，在社会上被称为"经典"的读物，往往有以下三个特征，那就是影响力、实践性、广泛性。

众所周知，读物只有与读者本身的兴趣和阅读能力密切结合起来，才能保证读者在阅读过程中获得最佳的体验感。由此可知，我们识别推广客体之前，应当首先对读者群体的阅读兴趣和能力进行等级的划分。例如，因为高校中的师生往往拥有比较高的学科素养和受教育程度，他们中的大部分人的阅读兴趣也十分广泛，由此高校图书馆在安排阅读推广客体时，可选择那些内容有一定深度的读物，在类型上也可以适当多元化。

（三）高校智慧图书馆的阅读推广对象

所谓阅读推广对象，就是阅读推广活动中的目标服务对象或群体。对于所有的推广项目，我们必须清楚认识和分析到各个读者群体的想法、目的和需求，同时针对分析结果，按照不同群体的特点制定活动内容和方式等，使他们获得较好的体验感。显而易见，高校图书馆的主要目标服务群体就是在校学生，而学生群体在阅读认知、读物选择和阅读需求方面发展得已经较为成熟，根据不同学科学生的需求和他们的受教育水平，可以向他们推荐适合的读物。与此同时，因为大学生的思维十分活跃，非常容易受到外界环境和个人等因素的影响，所以在阅读推广活动中，我们应该注意为他们提供正面积极的读物，这样才能达到最好的阅读推广效果。

（四）高校智慧图书馆的阅读推广方式

所谓的阅读推广方式，指的就是主体在进行推广时所使用的方式方法及策略。根据阅读推广的目标，可大致将高校智慧图书馆的阅读推广方式分为两种，其一，以读者（对象）为中心；其二，以读物（客体）为中心。

高校图书馆采用以读者为中心的阅读推广方式，对于图书馆馆员所设计的推广策略而言，就必须始终将读者放在第一位，从师生的学科需求和阅读心理出发，来制订合适的阅读推广方案，以此达到发展读者的目的。而要想能够吸引读者前来参加阅读推广活动，适合他们的读物是必不可少的，因为这不仅是阅读推广的客体，同时也是满足师生需求的基础所在。总而言之，高校图书馆在进行阅读推广时，尤其要注意推广的方式方法。

众所周知，在阅读推广众多要素中，目标群体是其中的核心要素，由此就决定了不论是阅读推广的方式方法、具体的实施方案，还是阅读客体的选择，都要始终将读者放在第一位。同时，在面对具有不同性质特点的目标群体时，就需要及时调整阅读推广的方案侧重点，以适应读者需求的变化。

（五）国外高校智慧图书馆阅读推广活动发展现状

1. 美国哈佛大学图书馆

美国的哈佛大学图书馆一直十分重视对于阅读推广的研究，就如何使读者获得人性化的阅读体验进行了深入研究，旨在让他们在充满浓厚的阅读氛围的空间中获得好的体验感。为了保证阅读推广活动的有序进行和保障最终的活动效果，哈佛大学为该活动专门配备了阅读研究员，为师生提供一对一的针对性服务，保证他们的阅读质量和阅读效率。除此之外，研究员为了读者能够获得更好的体验，达到他们的阅读目标，还根据不同人群的需求，专门制订了个性化的阅读方案，对他们的兴趣爱好和阅读心理进行反复研讨，以保证读者能够获得最佳的阅读感受。

作为在世界上赫赫有名的高校，哈佛大学一早就注意到了互联网给人们生活带来的改变，预见了未来其会对整个社会造成怎样的影响，因而早在十多年前就开始了有关数字阅读方面的研究工作。不仅如此，在相关慈善基金会的支持下，其于 2002 年实施了开放馆藏计划和在线阅读计划，将馆内珍藏多年的珍贵图书和手稿资料向全社会公开。由此看来，哈佛大学对于数字阅读的重视程度是很高的，甚至早在 2006 年就与斯坦福大学图书馆、牛津大学图书馆等高校图书馆机构和谷歌公司签订了合作协议，对其中的约 90 个分馆的图书资料进行了数字化操作，自此开发出了移动阅读的新形式。

除此之外，哈佛大学图书馆还与世界上其他著名高校开展联合性质的阅读推广活动，其中最为引人注目的就是借阅直通服务的开通。举例来说，哈佛大学的师生在短短 4 天内就可以借阅到诸如宾夕法尼亚州大学、普林斯顿大学和康奈尔大学等著名高校的馆藏图书资料。

2. 新加坡南洋理工大学图书馆

新加坡南洋理工大学图书馆也紧紧跟随时代的发展潮流，将科技化和信息化理念应用到了图书馆的服务之中，除了"口袋阅读"理念和"移动阅读推广"外，其对于大学生休闲阅读方面的研究也十分看重。南洋理工大学不仅为学生提供了专业的影音室、触屏影视墙、多屏显示器等硬件设备，还为他们专门设立了多样化的阅读空间，以满足个性化的读者阅读需求，这些都是该校师生可以免费体验的。由此看来，一些纸质图书的缺陷得到了很好的弥补，这样不仅对于提高大学生的阅读兴趣十分有帮助，也可以满足电子时代下学生针对阅读所提出的一系列需求。

除此之外，南洋理工大学对于阅读推广活动的举办也是非常重视的，在形式上达到了多样化，除了含有最基础的阅读推介服务外，图书馆也非常重视合作理念的应用，与该校内的其他部门展开合作，很好地使图书馆的电子资源融入了一线的教学活动中和教学网站，为师生的学习提供了很大的便利。还有一点值得注意的是，南洋理工大学还推出了一种将时事新闻、软件推荐和图书推介相结合的新型阅读推广方式，广受该校师生的好评。

与此同时，对于南洋理工大学的图书馆馆员来说，他们所承担的不仅是阅读推广活动的责任和基本的服务工作职责，同时还担任着一部分发展学科文献馆藏体系的重担，也就是选择和评估专业图书、音视频文献和期刊资料等，这一点与我国的高校图书馆馆员工作职责范围有很大的不同。

3. 韩国江源大学图书馆

韩国江源大学在阅读推广活动上所呈现出的形式也是非常多样的，在这里我们介绍其中最具特色的一种——毕业资格读书认证机制，这也是非常值得我国高校去学习的。这种机制的施行目标在于提升该校学生的阅读能力和文化素质，培养他们良好的阅读习惯，这种阅读教育机制在现在看来是十分具有创新性的。

学生要想能够顺利毕业，必须要通过阅读方面的考试。毕业资格读书认证机制具有完备的计算机评价体系，学生要在网络上进行有关读后感和客观题两个方面的测试。除此之外，为保证考试的顺利进行，以及机制的顺利施行，江源大学还专门设立了毕业资格读书认证运营委员会，制定了完善的管理条例，来保证最后认证环节的客观性和合理性。

这一制度广受该校师生的欢迎，不仅可以有效激发学生的阅读热情，也满足了他们在课业上的基本阅读需求，从科学的角度引导师生正确阅读，也使该校的阅读推广活动步入了正轨。

三、高校智慧图书馆阅读推广的意义

（一）履行高校图书馆职能，增强读者认同

教育部于2016年1月印发的修订版《普通高等学校图书馆章程》中包括高校图书馆的职能、性质和任务等方面的内容，具体如下："高等学校图书馆（以下简称'图书馆'）是学校的文献信息资源中心，是为人才培养和科学研究服务的学术性机构，是学校信息化建设的重要组成部分，是校园文化和社会文化建设的重要基地。""图书馆的主要职能是教育职能和信息服务职能。图书馆应充分发挥在学校人才培养、科学研究、社会服务和文化传承创新中的作用。""图书馆的主要任务是：建设全校的文献信息资源体系，为教学、科研和学科建设提供文献信息保障……不断拓展和深化服务，积极参与学校人才培养、信息化建设和校园文化建设。"而高校图书馆所开展的一系列阅读推广活动也为其职能的履行搭建了一个很好的平台，在这样的职责推动下，图书馆"馆藏推荐"和"读者发展"的

目标能够很好地得到实现。

在长期的高校发展过程中,图书馆在其中一直是扮演着类似"教辅机构"的角色,与高校内部其他的一些党政和科研机构相比,地位是比较低的。即使如此,大部分学生仍然愿意在图书馆中消磨自己的课余时间。这其中有相当一部分原因,是图书馆所推出的阅读推广活动吸引了学生的注意力,极大地调动了学生的阅读积极性,能使学生对原先心目中较为"冰冷"的书本印象有所改观,进而提升图书馆在学生心中和学校中的地位,增强认同感。同时,图书馆中的工作人员在长期的工作实践过程中也形成了独属于自己的一种服务理念、原理和方法,这也是图书馆文化的一种浓缩形式。而阅读推广就是一种可以很好地将读者与图书馆文化连接在一起的活动形式,最终使双方都能够达到对彼此的认同,并且使这种认同感不断深化,为日后双方进行交流打下坚实的基础。

(二)引导读者,增强阅读影响因素的正面效应

读者在阅读过程中,会受到许多方面因素的影响,有客观的,也有主观的,如读物因素、个人因素和环境因素等。第一,个人因素,其中可以包括诸如阅读心理(阅读意识、阅读动机、阅读需求、阅读情感、阅读意志等)和阅读行为(阅读能力、阅读物选择、阅读物获得等),这些因素都对最后能否达到应有的阅读效果起到关键性的作用。第二,读物因素,一本读物中所囊括的中心思想、描写的语言风格和表现手法,以及读物本身的获取方式、外界评价和装帧设计等都会对大学生的阅读心理造成一定的影响,这关系到这本读物是否能引起他们心灵上的共鸣,能否吸引他们继续阅读下去,这对于学生的阅读行为而言是十分关键的影响因素。第三,环境因素,从宏观与微观角度来说,可以将其分为两大类,分别为阅读大环境和小环境。其中,阅读大环境指的是当下读者所处的时代和社会,还与当时的阅读风气、潮流和社会聚焦点有很大关系。另外,阅读小环境,也就是具体的阅读空间和场所,如教室或图书馆,还包括人际环境和资源环境等,这些对于读者当下的阅读都是会造成影响的。而在面对这些影响因素时,阅读推广就可以起到很好的引导作用,最大限度地消除不良因素对阅读的影响,将其正面、积极的作用发挥出来。

(三)培养阅读习惯,改善阅读行为

众所周知,高校图书馆所开展的一系列阅读推广活动对于增强学生的阅读兴趣和培养良好的阅读习惯而言是具有积极作用的。从目前高校大学生的阅读现状来看,整体情况不容乐观,不论是阅读的质量、效率,还是阅读水平,都有不同程度的下滑,因而高校图书馆为改变这种状况制订了多种形式的阅读推广活动方案,以此来引导高校学生步入正确的阅读轨道。同时,针对不同类型和具有不同特征的学生群体而言,还要有针对性地提出不同的促进措施,帮助他们养成终身阅读的好习惯,让他们习惯读书,这对他们的未来成长都是非常有帮助的。

中国阅读研究会会长认为,当下大学生的阅读现状是十分令人感到担忧的,他们主要缺失的就是人文阅读,缺失的是纸质文本的阅读,缺失的是结构性和目标性的阅读,更是缺乏"苦读"和"深思考"。具体来说,就是表现在以下这些方面:

绝大部分学生偏向于阅读那些娱乐性质的书籍,而缺乏对于经典书目的阅读。在当前的大学生群体中,普遍存在的阅读需求类型是属于娱乐消遣性的,而经由这种阅读需求最后引导的行为是不具备明显的计划性和目标性的。

在阅读时间方面,大学生的阅读持续时间普遍不长,时间选择上也十分随意。对于大部分学生而言,尤其是本科生,他们往往背负着沉重的课业压力,还需要花费时间去社交,甚至还有不少同学会利用课余时间兼职,很少有时间去沉浸到书本之中。总而言之,大学生总体的阅读时间呈现出碎片化、随意化和短暂的特点。

从阅读深度上看,大学生的阅读主要是以"浅阅读"为主,过于依赖网络,而忽略了深度和独立的思考。进入 21 世纪以来,信息呈现出指数式的爆炸式增长模式,信息传播的方式也变得多种多样,互联网技术迅猛发展,由此人们的阅读形式也发生了改变,逐渐产生了一种新的阅读方式——浅阅读,即一种阅读深度较浅、较为放松、以获取信息为主要目的的阅读方式。而在大学生群体中,这种阅读方式司空见惯,他们过分依赖于网络,很少进行独立而深度的思考,这也是当今大学生所欠缺的一种能力。

从阅读效果上看，不尽如人意，并且在阅读过程中经常会产生困惑和疑问。在大学生眼中，虽然他们认为阅读对于自身的发展是非常重要的，但对于自己的阅读效果却并不满意，归根结底，与他们的阅读方式和形式有关。而阅读推广活动就可以针对这一问题，采取一系列措施，以提升大学生的阅读兴趣，培养良好的习惯，让他们学会阅读，可以在阅读过程中学会深度思考，这些对于他们的未来发展都是具有积极意义的。

第二节　高校智慧图书馆阅读推广服务模式研究

一、基于手机 App 的高校智慧图书馆阅读推广模式

互联网技术发展的不断成熟和移动设备的普及为高校图书馆提供了非常广阔的发展空间和平台，如手机 App 就是一种很好的图书推广活动方式，可以使高校图书馆在当今的信息碎片化时代中开展推广的一站式服务，同时还可以联动社区，实现多元的阅读推广。众所周知，大学生群体一天中使用手机的频率是相当高的，而图书馆为了让更多的学生加入读者的群体中，就可以充分利用这一移动式的便捷服务，积极开拓手机 App 应用平台。有两种方式可以构建手机网络 App 应用平台，一是高校图书馆自行开发，可以开发阅读推广 App 或是高校图书馆的手机智慧版 App；二是聘请专业的公司为他们推广 App，以实现从阅读推广到文献资源查询的一站式服务，可以对各种阅读指导服务或是推广活动进行数字化和移动化操作，让读者在手机上就能享受到图书馆的全方位服务。具体来说，主要包括以下几种操作模式：

第一，建立以手机 App 为核心的工作机制。通过设立专门的阅读推广和阅读服务部门来为学生提供阅读指导或图书推介服务。除此之外，还要充分利用信息化和数字化技术，在高校相关网络和技术部门的支持下，自行开发智慧图书馆或阅读推广 App，或是可以找到专门的 App 制作公司让其提供专业化的阅读推广应用，同时制定相关工作规划或是具体的实施落地方案。

第二，搭建以手机 App 为载体的活动机制。利用手机 App 平台开展阅读推

广活动，有如下措施可供参考：设立开发 App 的专项资金，为后续的开发和维护提供物质基础；制定具体的手机 App 服务流程和相关的管理规章制度；加强相关的资源体系建设，让读者在手机上就可以进行图书、报纸和期刊等一系列的互动式阅读，与此同时，在 App 上还可以附加相关的联盟馆和阅读网站的访问链接，将图书馆的资源平台和商业性质的平台集合在一起，建立共享式的服务系统，以方便读者的阅读行为；积极利用手机媒介开展短信式的阅读推广活动。可以由图书馆聘请专人通过 App 服务助手和短信的形式进行图书资源的推广，读者也可以通过手机 App 随时向网络在线平台咨询文献信息；进行游戏化设计，设计一些以图书教育为主题的通关游戏，充分利用游戏的竞技性和趣味性，吸引读者参与游戏，以此来达到阅读推广的目的；可以利用手机 App 进行分享推广式和游戏推广式的阅读形式，在手机应用上建立网络学习社区，以此来实现文献和心得体会的共享；开发系列手机游戏，将信息素养教育和技能培训等作为主要的设计方向，如"图书馆的初遇"这个游戏，就可以在一定程度上提升阅读推广的趣味程度。

第三，成立以手机 App 所呈现的社区为平台的服务机制。移动设备 App 的开发，可以很好地实现高校图书馆跨区域、跨群体式的服务，同时可以利用"我的图书馆"或"阅读成长体系"以及社区和论坛等建立相关读者档案，除此之外，还可以加强关于读者培训模块的微课程体系建设，通过"智慧服务社区"来实现对于读者反馈意见的收集工作，以加强日后工作的针对性。

第四，构建手机 App 阅读推广成效评价机制。为了构建完善的阅读推广评价体制，高校图书馆专门成立了相关的研讨小组，针对经由手机智慧图书馆上所导出的读者数据（访问量、电子文献阅读量、下载量、阅读时间、阅读书目数等）和手机问卷的调查结果等进行仔细分析，为日后的管理工作提供依据。

二、基于微信、微博等社交媒体的高校智慧图书馆阅读推广模式

在新时代下，信息更迭速度加快，与以往相比信息呈现出的方式更加碎片化，因此微信和微博等社交平台应运而生，这也是当今高校图书馆进行阅读推广活动的一条重要途径。我们可以将微博、微信等类似的社交媒体平台概括为"微平台"，它具有自动回复、群发和收藏分享等功能，这样就能够实现高校图书馆文献资源

的精准推送，同时提取出关键词，并提供转发、评论和分享等功能，以满足读者的互动性、社区性等方面的个性化阅读需求。具体而言，我们可以大致概括为以下几种运行模式：

第一，建立以高校图书馆"微平台"运营为核心的工作机制。高校图书馆可以设立专门的阅读推广部门，负责有关推广的相关工作，同时在高校信息技术部门和行政等部门的支持下，开通微信和微博等图书馆官方社交媒体，同时采用诸如音视频、动画、语音文本等形式的媒体传播途径，根据实际情况制订"微平台"上的阅读推广工作方案，同时细化阅读推广服务的战略计划等。

第二，搭建以高校图书馆"微平台"运营为载体的活动机制。利用"微平台"，可以开展多种多样的"微"推广活动，具体的实施策略如下：设立微信、微博等平台的专项运营资金，为后期的功能开发、算法应用、宣传推广等打下良好的物质基础；制定有关"微平台"服务和运营维护管理的具体规章制度和实施策略；要针对资源方面的体系建设进行着重加强，可以采用诸如"微书评"等形式概括推广要点，同时添加关于纸质版和电子版文献信息的获取途径链接，搭建将浅阅读与深阅读、碎片化阅读与系统性阅读连接起来的连接点，并通过版式设计、图片等来优化读者的阅读感受；充分利用"微平台"的各种功能，建立"新书榜""阅读咨询""书单推荐""读者服务"等模块，丰富读者的阅读和使用体验；加入摄影和书评元素，利用"微+"的形式吸引读者的注意力，以保证阅读推广活动的最终效果；采取激励式的阅读推广模式，同时充分利用"粉丝群"等进行一些积分奖励活动，鼓励更多的人参与到阅读活动中，这样可以起到很好的宣传和推广作用。

第三，成立以高校图书馆"微平台"为分享互动平台的服务机制。"微平台"能有效打破局域网对于在校学生在网络空间上的限制，形成高校图书馆的跨区域、跨群体的多元服务对象群体。例如，可以利用"微学习站"来建立读者档案，同时加入档案的自主下载功能，加强平台在"微课程"和"微培训"资源方面的建设，通过"读者服务"功能收集来自读者的用户体验反馈，以便在日后为师生提供更有针对性的、更人性化的、更多元的服务模式。

三、基于荔枝广播等新型数字化传媒的高校智慧图书馆阅读推广模式

随着互联网技术在各个领域中应用得越发成熟,媒体行业也开展了全媒体式的合作新业态,以往的传统媒体形式(广播、电视等)与新兴媒体技术进行了融合,而荔枝广播就是其中一种新型的数字化传媒模式,它是碎片化时代的产物,能够很好地适应高校图书馆的阅读推广工作。荔枝广播是一款声音互动 App,它不仅可以收听电台节目,还可以自己制作和录制由自己创作的广播电视节目,也就是可以拥有自己的电台,一次可以上传约 60 分钟左右的节目,这是一款集录制、编辑、储存和收听等于一体的电台应用 App。

荔枝广播融入高校图书馆阅读推广活动的具体措施如下:第一,建立以音频内容建设联盟为核心的工作机制。通过图书馆专门设立的图书推广部门的有效指导,再加上高校信息技术部门或服务部门的支持,高校图书馆可以与学校广播电台开展合作计划,同时设立图书馆的专属主播职位,以此为基础来打造与荔枝广播相结合的战略化合作方案。第二,搭建以荔枝广播主播空间为载体的活动机制。也就是充分利用荔枝广播 App 所具有的功能,开展高校图书馆的阅读推广活动:设立与荔枝广播相关的专项资金,为后期进行节目录制和对于专业技术人员的培训提供资金支持;结合实际情况,制订结合荔枝广播的专属化服务方案,保证后期的节目运营和宣传推广等活动都能够正常进行,从规章制度方面保证工作运营的科学性和合理性;将经过筛选后的推广资源进行文字处理,使原本固化于书本的文字更加生动形象,同时邀请专业的播音主持人来阅读相关推广资源,以此来提升读者的阅读体验;将高校图书馆的阅读推广融入荔枝广播的运营模式之中,增添诸如"美文朗读""随意听""主播列表""心理倾诉"等板块;开展与广播形式相关的阅读推广活动,如"校园明星直播"和"为你读诗"等,通过直播或录播的形式实现与读者的在线互动,获得来自读者的第一手资料,充分挖掘读者的阅读心理,利用他们的好奇心和寻梦心,用"真人传播"的方式增加推广活动的深度和广度;采用分享推广式进行阅读推广,如"校园明星直播做客"和"校园明星分享",让真人进行"零距离"的分享,以此来加强阅读推广本身的导向作用和宣传作用。第三,建立以荔枝广播电台互动为平台的服务机制。这种"零

距离"式的推广方式可以加强高校图书馆本身的服务特征,这种新形式的推广模式也将"微学习站"和"微培训站"电台化,同时其中的"心理倾诉"板块可以及时收集来自多方读者的各种意见和建议,这样在日后的工作中就可以针对不同的群体提供更具个性化的服务。

其实,以荔枝广播为代表的新型传媒方式由于出现时间较短,发展得还不是十分成熟,因而在高校图书馆的阅读推广活动中出现的频率也不高,但这其实也是在为图书馆阅读推广模式发展创新空间、发现新的机遇。

第三节 高校智慧图书馆阅读推广的实践探索

一、明确阅读推广工作的目标任务

(一)明确阅读推广主体和阅读推广对象

从目前高校图书馆所开展的阅读推广活动现状来看,活动的主体不再仅仅集中于馆内的工作人员和其本身,逐渐扩展到了高校师生和学校内部的其他职能部门身上,大体呈现出"多元参与、联合发展"的总体趋势。众所周知,高校图书馆所面向的阅读推广对象是全体读者。但是,在当今的网络化时代下,读者群体不再仅局限于高校内,而是逐渐扩展到了校外,凡是能够通过各种途径接触到高校图书馆的群体,都可以成为阅读推广活动的目标读者群体中的一员。要想实现高校图书馆阅读推广的智慧化转变,就要立足于实际情况,深入挖掘社会变化形势和读者的阅读心理变化情况,以达到阅读推广的最终目的。同时,结合图书馆所具备的资源环境条件,构建出更加完善和科学合理的阅读推广工作体系。而这一体系可以充分发挥出自己的智能技术优势,最后呈现出"多层次、多模式、多媒介"的推广机制,满足读者的个性化需求和习惯。由此看来,这种方式不仅在一定程度上突出体现了推广信息,同时也方便了读者对于信息的及时反馈和评价,因而我们也将这一体系称为图书馆阅读推广智慧化发展的基础。

（二）综合运用多种现代信息技术

要想实现高校图书馆的智慧化转型，就要重视现代化信息技术的融入，将智能终端技术作为基础，同时有效利用网络门户网站、微博、微信和短视频 App 等技术，形成线上线下相互联动的图书馆阅读推广模式。这一阅读推广模式的运营重点就是将现代信息技术与智能技术有效结合起来，这样才能达到加强阅读推广效果的目的。这种智能化的阅读推广模式，对于加深读者与图书馆之间的联系是十分有帮助的，同时也方便获取目标对象的实时动态和反馈意见，这在无形中扩大了阅读推广活动的影响力，增强了宣传效果，也可以帮助馆员及时发现其中的问题，并以此为基础创新和完善日后的阅读推广活动。毫无疑问，要想建设完备的图书馆阅读推广智慧服务系统，大数据技术的融入是其中一个必不可少的环节，推广平台、读者与资源库之间可以形成更为紧密的联系，大数据技术也可以不断将文献资源整合优化，深入透彻地了解到读者群体的深层次信息，依据这些去提升图书馆的服务质量和效率。

二、构建多维度的智能化信息处理机制

众所周知，智慧图书馆馆藏资源的储存和供给等是要依靠智能化推荐模块来完成的，这一过程就需要将单一用户与多个用户之间的数据进行匹配，只有这样才能保证图书推介过程准确无误。如今，图书馆的智慧化阅读推广大多是将资源推送作为活动开展的基础，虽说使用群体的兴趣爱好被凸显出来了，但是这也在一定程度上降低了文献的评价效果和用户情感体验。对于图书馆的智慧服务系统而言，它们首先应当对读者查阅文献信息的历史和现状有基本的了解，从多层次、多方面深入挖掘读者的阅读需求，这也为后续的图书推介提供了数据上的支持。不仅如此，在实际的活动开展过程中，当读者群体与文献资源信息在网络空间内实现交互时，我们应当将算法技术引入其中，以此来增强资源推介的精准程度和用户的黏性，这就需要我们同时关注读者用户显性与隐性两方面的特征，同时运用读者隐私保护技术和知识产权保护技术，保证整个智慧化服务体系的高效、科学、稳定、安全运行。

三、突出阅读推广的学科专业化特点

众所周知，高校图书馆的主要职责范围是服务于科研与教学活动，而其中的中心环节就是学科服务。经过长时间的经验积累和实践，我们发现，对于高校图书馆而言，阅读推广活动不能仅仅面向普通读者群众，还要与学科服务结合起来，同时在其中加入学科专业化的阅读推广服务板块，以此来加强活动开展的针对性和深度。第一，工作内容应有统一性。不论是哪种形式的阅读推广活动，其本质都是为服务读者群体而存在的，都是具有创新性特点的服务模式。第二，服务模式之间应有互补性。从以往的阅读推广活动来看，主要推介的图书类型集中在人文社科类上，很少会出现自然科学类的文献，这就说明其在一定程度上忽视了"学术"在高校图书馆中的地位，忽视了"自然科学研究团队"这个目标服务群体。由此，创新性的高校图书馆智慧化服务系统应当在专业化推介方面予以加强，考虑师生的工作和学习特点，以此为基础来推介适合他们的文献资源信息。除此之外，高校图书馆在开展阅读推广活动的过程中，应适当融入学科专业知识内容，同时结合教学的实际情况，加入专业性质比较强的读物推介板块，以增强活动的推广度，突出图书馆的学术信息交流中心职能。

四、结合特色塑造阅读推广服务品牌

对于高校图书馆的阅读推广服务而言，仅仅将关注点放在读者群体上是不够的，虽然这是其中的一个关键影响因素，但也应当分出一部分注意力，放到活动的创新和图书馆及高校特色的体现上，如学科特色、馆藏特色等，以此为基础来建设阅读推广品牌，增强阅读推广活动的力度和深度。例如，可以开展讲座和信息推送服务，这就需要馆员深入了解学校的科研团队情况和各大院系的建设状况，同时结合各专业特点，为不同师生群体提供更加准确、便捷的服务，将图书馆的文献信息服务融入实际的教学实践活动中。除此之外，图书馆还要结合实际的教学和科研需求，在阅读推广模式中加入学科专业知识，以增强专业学科与图书馆之间的联系，优化图书馆服务体系和高校学科建设，塑造出一个具有专业特色的阅读推广品牌。

第七章 高校智慧图书馆用户体验服务

本章为高校智慧图书馆用户体验服务,论述了高校智慧图书馆用户体验概述、高校智慧图书馆用户服务质量评价及高校智慧图书馆用户服务质量提升研究三方面的内容。

第一节 高校智慧图书馆用户体验概述

在现代的服务业中,人们都非常重视用户的"体验",因为体验是一个顾客参与服务并产生感受的过程,服务往往都是根据顾客的需求来进行的,可能是一次活动,也可能是一场表演,其特点在于无形,通过无形的服务创造一定的利益,在这个过程中产生的积极互动能给顾客带来丰富的感受,从而让顾客产生多种多样的体验。一旦服务为顾客带来良好的体验,那么顾客就会难忘这次经历。几乎所有的服务都特别重视顾客的体验,这是一种新的方式,可以用来创造并交付价值,从而让顾客的需求得到满足。

在图书馆服务的过程中,体验同样是用户非常在意的事情,因为这几乎就是图书馆带给用户的全部感受,决定着用户对于图书馆的印象,也体现了图书馆的服务在用户心中是否得到了认可。现在的技术手段发展得越来越快,图书馆要想在留住老用户的同时吸引新用户,就必须不断提高服务质量,突破瓶颈,在取得自身发展的同时创造更大的价值。

一、图书馆用户体验的内涵

(一)图书馆用户体验的含义

要想提升用户体验,首先要知道到底什么是用户体验。在互联网、计算机领域，用户体验是最先被关注到的，其指的是用户在网站中或者在使用一个产品的时候的全部体验，这个体验就是用户的感受，包括使用或者访问的时候是否遇到了问题、这个过程是否带来了享受、所遇到的问题有没有顺利解决等方面。对于用户体验，国际标准化组织ISO9241-210做出了明确的范围规定：用户在对产品或者服务等进行接触的时候，其情绪、心理、偏好等各个方面的反应。由此我们可以看出，用户体验实际上就是一个在消费服务这一无形的产品时所产生的感受，那么下文就来探究服务的概念。

服务是一个由各种活动构成的过程，这些活动是无形的，也就是说服务没有实体，只能是表演，只有在现场由顾客亲自参与才可以，服务无法像其他的商品一样被储存起来，正是由于这种无形的要素主导着服务的价值，所以体验最终是不稳定的。

对于图书馆来说，用户体验就是图书馆提供的服务带给了用户什么样的感受。图书馆所提供的服务是一种精神产品、无形服务，其主要是作为中介来为海量的信息资源和用户牵线搭桥，用户只有参与其中，才能真正地主观体会图书馆的服务，这就涉及图书馆借阅图书是否便捷，在咨询问题的时候工作人员态度好不好，在检索信息的时候是否准确、方便等。而这些感受基本上都是主观的，也决定了图书馆服务质量的高低、用户对图书馆的服务是否满意等各个方面的问题。

（二）图书馆用户体验要素及层次

曾经，产品并不像现在这么富裕，那个时候的产品仅对某种具体功能起到承载的作用，但是如今，社会物资已经不再匮乏，各种各样的产品琳琅满目，这对人们的消费欲望起到了刺激的作用，也就是说，产品不再是只承担某种具体功能的产物，已经能够承载"趣味"。现在的消费者面对着丰富的产品，也产生了各种各样的价值取向，但是对其总结就可以发现，这些价值取向不外乎两类，一类是终极价值，还有一类是工具性的价值。人们希望产品不仅可以满足实用性价值，还可以提供独一无二的体验，在心理上对人们进行满足，从而让人们和产品之间形成一种联系。而图书馆也同样需要满足人们的心理需求，现在人们有着各种各样的渠道可以获得信息，图书馆早就不是人们获取信息资源的唯一途径，在这种情况下，图书馆只有给读者带来更加丰富的体验，在服务上下功夫，不断提升自身，满足用户需求，才能使得用户感受到更加丰富的体验。

用户体验并不是只包含单一的概念，产品的功能性、可用性，还有产品的内容和品牌都属于用户体验的范畴。其中还有一些要素属于用户在体验过程当中的最基本的要求，具体包含用户对产品的满意度，产品自身的可用性、价值性等，具体来说，作为用户，首先考虑的就是图书馆在信息方面是否可以满足自己；能否提供全面的服务，这是用户对于图书馆考虑的第二点；图书馆在使用的时候是否便利，如果用户产生疑问，是否能快速、及时地加以解决；图书馆在信息价值方面的情况对于用户来说也是相当重要的，因为这直接关系到图书馆在用户心中的信任程度。所以，在不断完善用户体验的过程中，图书馆必须考虑这些目标。

体验是由浅入深逐渐产生的，这是一个递进的过程，形成了一种体验层次。很多学者都对用户的认知层次进行过分析，唐纳德 A. 诺曼（Donald Arthur Norman）对人和产品之间的关系进行了揭示，他从心理学这一角度；一个好的产品可以给人带来三个层次上的满足。其中本能层主要是指产品在视觉上带给人的感受；行为层指的是用户在操作的过程当中所产生的感受；反思层就是产品在情感上给用户带来了什么样的体验，这一层面是一种深度的认知和感受。贝恩特 施密特（Bernd Schmitt）也对用户的需求进行了分析，主要将其分为五种体验，分别是思考、创新、感官、关联、行为。

图书馆中的用户体验分为三层，分别是感官、情感和交互。感官体验是最直观的，主要体现形式上的美，这是对用户的吸引；交互体验就是指行为，这一层面注重图书馆的可用性，如果用户可以在使用图书馆的过程中感受到图书馆提供的价值，则这一层次的体验就是成功的；情感体验指的是更深的层面，也就是用户心理上的体验，正是上一层面的交互行为产生了心理上的愉悦。

综合上面的论述，图书馆在服务用户的过程中需要具备七大要素，即有用性、可用性、可找到性、可靠性、可获得性、满意度和价值性，如果这七大要素在实践的过程中达到了足够的程度，那么用户在图书馆中也就会更容易获得良好的心理感受，从而产生更好的体验，所以图书馆必须要不断提升自身的服务水平，从而为用户带来良好的体验。

二、图书馆用户体验的特征

（一）个性化的特征

个体参与到某个活动中，或者是在对某个事物进行直接观察的过程中，其产生的心理上的感受就是体验。用户不同，成长的环境、经历的事情都不同，最终形成了不同的人格，那么图书馆对其服务时，其产生的感受自然也是不同的，也就是说，不同用户在体验上渗透了个性的特征，展现出了一定的差异性，那么图书馆馆员就应该对用户的个性化信息进行了解，通过其独特的心理特点，从而研究其在需求方面产生的差异性，进而使不同用户获得对于图书馆价值的个性化体验。

（二）参与性的特征

要想让用户产生体验，就必须要让用户参与到活动或者服务当中，只有主体和客体产生了交互和作用，才会产生体验。对于图书馆来说，只有用户参与到其提供的服务当中，才会产生自身独特的体验。图书馆馆员在设计活动或者服务的时候，最好使其拥有较强的参与性，这样才能使得用户真正地参与进来。

（三）诱导性的特征

产品产生某种相应的刺激才会使得用户在心理上产生独特的感受，这种感受就是所谓的体验。图书馆提供的是信息方面的服务，所以只有先了解用户的需求，才能激发用户的兴趣，让用户收获更好的体验。

（四）情感化的特征

体验是一种情感方面的主观感受，属于精神层面的概念。很多用户不仅注重图书馆在服务方面的质量如何，还注重图书馆对自身精神和情感需求的满足，如果图书馆能够提供感性的服务，强化其和用户的情感沟通，这样才能对用户的内在情感进行触动。

（五）动态性的特征

用户在和图书馆进行交互的过程中产生了各种各样的感受，这个过程是动态的，也就意味着用户体验是一直处于变化当中的，并不是一成不变的，不同的情况、不同的情境，用户自然会产生不一样的感受。

第二节 高校智慧图书馆用户服务质量评价

图书馆的服务是一个通过向用户提供文献信息资源来满足用户信息需求的过程，服务对象是用户，服务质量同用户感受息息相关。因此，图书馆服务必须密切关注用户，尤其是其内心感受。作为图书馆的服务对象，用户所感受到的服务质量对于树立图书馆形象至关重要。

一、高校智慧图书馆服务质量评价概述

图书馆最基本的宗旨就是为用户服务，在其不断发展的过程中，为用户服务是非常重要的一个方面，并且占据了主要的地位，而且图书馆开展工作的根本意义和目的就是为用户提供服务，因此服务对于图书馆来说极其重要。所以，在图书馆开展服务的过程当中，我们需要经常对其进行评价，客观地、系统地把握图书馆在服务方面的表现，从而对图书馆的目标等进行系统的调整，更好地为用户服务，使得各项资源都能得到有效的利用，提升图书馆的服务水平。

（一）相关概念

1. 服务质量

国外对于服务质量的研究始于 20 世纪 70 年代，对于这个概念，我们很难用一个具体的单位对其进行量化，很多学者都对服务质量这一概念提出了自己的独特的见解。认同度比较高的观点是：顾客是服务质量的唯一评价者，要从顾客期望与主观感受的角度出发，对服务质量进行内涵的界定。美国专家将服务质量定义为一种评价，是顾客对服务过程和结果的一种总的看法。1990 年，质量这一概念有了更加权威的定义，国际标准化组织 ISO 把"一种产品或服务满足明确和隐含需要的能力的特性的总和"作为质量的定义。也就是说，质量组成中包含了不同的特性，这些特性能够满足人们的各种需要。根据上述理论，我们把图书馆的

服务质量定义为用户对于图书馆服务的总体评价，这一总体评价包括服务的过程和结果。在图书馆中的工作人员和用户接触的时候，我们往往能从其行为中判断服务质量，服务时产生的接触就可以体现服务的质量。

2.图书馆服务质量评价

用户对图书馆服务过程和其所产生的效果进行的评价，就是对其服务质量的评价。图书馆如果想要了解用户的评价，可以通过问卷等方式进行调查，从而了解自身的服务和用户所期望的服务之间到底有多大的差距，这样还可以促使图书馆改进自身的工作，对用户需求进行更好地了解，从而不断提升服务的质量，尽可能地减少投入，节省一些不必要的成本，并将其应用到用户需求的地方，使得服务的效果达到更高的水平，使用户的评价成为一项依据，从而帮助图书馆的决策等。

3.基于用户的图书馆服务质量评价

用户评价图书馆服务质量的基点是自己的感受，他们会将其与自己本来的期望进行对比，由此就形成了对于图书馆服务的态度。这里的用户包含了很广的范畴，现实的、虚拟的用户都是可以对图书馆的服务进行评价的，甚至包括图书馆的工作者。用户在服务评价的过程中是最具有发言权的，因为他们是真正地体验了图书馆的服务的人，所以能根据自身的感受最客观地描述自己对于图书馆的评价。

（二）服务质量评价的原则

图书馆用户服务质量可以从不同途径加以考察和评估。评估的着眼点在于达到预期目的和效果，改进和提高服务质量和服务水平。从这一目的出发，根据我国高校图书馆的实际情况，结合当前用户服务的具体特点，图书馆服务质量评价应主要遵循科学性原则和全面性原则。图书馆服务质量评价工作是一项科学性很强的工作，必须按照科学的标准、依据科学的程序进行。科学性原则具体包括主客体相结合、客体评价为主的原则，评价模型的协调性和科学性相结合的原则等。进行图书馆服务质量评价时，要按照系统观点全面评价图书馆用户服务工作，具体包括评价时间全面、评价空间全面、参与人员全面三个方面。

（三）服务质量评价的意义

通过图书馆服务质量评价，可以确认其有无满足用户的信息需求、满足程度如何、今后应朝哪些方面改进和持续努力；还可以分析图书馆服务的效果和作用，发现服务过程中存在的问题，并针对这些问题提出改进建议，提高服务质量和水平，实现办馆效益的最大化和最优化。综合以上方面，图书馆要想提升自身的工作质量，取得更好的发展，离不开服务质量的评价，正是在服务质量评价的指导下，才能使得图书馆根据反馈更好地提升自身、发展自身。

1. 提高图书馆的核心竞争力

网络时代的到来，使用户在利用图书馆的方式、利用资源内容的层次、要求图书馆提供服务的手段等方面发生了很大的变化。图书馆不可避免地将在资源质量、硬件设施、软件建设和馆员素质等方面参与市场竞争，并面临优胜劣汰的严峻生存挑战。所以，我们需要用一套科学的体系来管理图书馆的工作，这套体系是质量保证体系，其只有保持科学、完整，才能通过模式化的方法来更好地管理图书馆，从而促进图书馆更好地完善自身，提升自身的管理水平。

2. 提高馆员的质量意识

图书馆工作本身是一个融文献信息资源的搜集、加工、传递、反馈等程序为一体的综合循环过程，每一个过程出现了问题都将对下一流程产生消极影响。在服务质量评价过程中，图书馆馆员应仔细了解、学习服务质量标准项目、内容，并积极付诸实践，从不同的角度对问题进行思考，更好地参与到图书馆的质量管理当中，这样可以更快捷地发现并解决问题，从而使得图书馆在质量管理方面更加完善，这对于图书馆的运行也是相当有利的。

3. 有利于对图书馆进行广泛宣传

图书馆服务质量评价是一个需要全体图书馆馆员参与，并应当尽可能吸引更多用户参与的过程，所以在评价图书馆服务质量时，这一工作就等于宣传和考核图书馆服务。在进行评价的时候，馆员的作用是非常重要的，其介绍的图书馆的服务的例子以及其所产生的效益、效果，肯定和宣传图书馆服务工作的特殊作用，使图书馆服务质量评价体系产生多重作用。

4. 有利于图书馆的可持续发展

"没有最好,只有更好"是当前服务界的时尚话语,"最好"只是一时的标语,"更好"才是永恒的追求。图书馆服务质量的评价、改进和提高是一个持续的过程,不断攀登,永无止境,确保服务今天比昨天更好、明天比今天更好。如果我们将这种理念贯彻到图书馆服务的过程中,必然会对其服务质量的提升和可持续发展起到促进作用。

二、高校智慧图书馆服务质量评价指标体系的建立

图书馆界有一个受到普遍关注的问题,那就是对图书馆服务质量的评价。但是这一评价很难形成一个量化的标准,因为其服务是无形的,并且无法进行储存,也不能转售或者进行其他处理,用户对于服务的体验只在其参与的那个瞬间。如此一来,很难有一个普通的、通行的标准来对服务的质量进行判断。就算是《普通高等学校图书馆评估指标》,对于服务质量这一概念也只是提出了一个笼统的要求,并没有细则来进行更细致的要求。虽然文化主管部门会组织专家对图书馆进行一系列的评估,但是这种评估往往只是行业内部的一种评估,无法从根本上发现图书馆的问题。

(一)构建高校智慧图书馆服务质量评价体系的标准

要想更好地对图书馆的服务质量进行评价,就必须要有一个明确的标准。用户是最有对图书馆服务质量进行评价的话语权一方,因为图书馆本身就是为了用户而出现的,它本来就是为了满足用户的需求,所以最终的评价由用户来进行是非常合理的。无论图书馆建立的服务质量评价体系的标准是怎样的,其都必须将用户放在首位,只有用户能够证实图书馆的服务质量到底处于怎样的一个水平。

图书馆主要是信息产品,只有用户满意才能使其得以持续的发展,这是其不断进步的基础。用户因为在信息方面有一定的需求,所以才会去图书馆搜集信息,那么图书馆就更应该将用户的需求作为根本,对用户进行深入了解,知晓其需求,满足其要求,从而对图书馆内的资源进行合理配置。图书馆进行的服务是信息服务,用户满意是其核心。要想更好地吸引用户,图书馆就需要在服务上不断提升

质量，只有更好的服务才可以吸引更多的用户，为图书馆带来更好的效益。服务满意主要包括以下几个方面：图书馆可以对信息进行整合，不同的用户可以通过图书馆体验及时的服务；图书馆在沟通方面应当让用户满意，因为只有积极地和用户沟通，才能更好地根据用户的反馈解决问题，从而对服务的质量进行不断的完善与改进，让图书馆的服务质量不断地提升；图书馆应不断贴近用户，了解用户需求，让用户感受到其亲和性和良好的服务态度。对于用户感受来说，用户满意也是关键性的因素。用户对图书馆有一定的期望和需求，如果其符合用户的期望，那么用户就会感到满意，所以图书馆需要重视用户的主观感知，无论是期望还是其需求，从而在一定程度上使用户感到满足。所以图书馆要做的不仅是在自身的信息产品和信息服务上下功夫，还要重视用户的需求和期望，并且对其进行深入的分析，使得用户不会因为期望和现实落差太大而产生失望的情绪，要尽力缩小这个差距，让用户感到满意。

（二）高校智慧图书馆服务质量评价的主要模型

图书馆作为社会的服务性行业之一，与其他服务行业评价在理论、模型模式方面具有通用性。因此，在借鉴其他服务行业评价模式与方法的基础上，图书馆也开创了一系列行之有效的评价模式与方法。本书所涉及的图书馆服务质量评价方法是以用户为评价主体的评价法，其内容主要涉及与图书馆服务质量相关的问题。

1.SERVQUAL 量表

美国一位营销学家曾于 1988 年提出过一个方法，叫作"服务质量评价"，这一方法提出的依据是"全面质量管理"理论，1990 年其又出版了《开展优质服务：平衡用户的知觉与期望》，这本书的核心理念在于：要想衡量服务质量，应该将用户的知觉和期望作为依据。研究将用户知觉和期望之间的差距作为服务质量的公式为 $SQ=P-E$，SQ 也就是服务质量 Service Quality，P 表示 Performance，也就是服务过程中的表现，E 是 Expectations，表示期望，然后又提出了用十项因素来对服务质量进行相应的衡量，之后经过整合，十项因素变成五项，之后又经过一系列的研究，这五项因素逐渐演变成 22 个项目量表，也就是 SERVQUAL 量表（见表 7-1）。

表 7-1 SERVQUAL 量表的测量维度及项目

维度	组成项目
可靠性	1. 可以及时地完成所有对顾客的承诺
	2. 如果顾客遇到困难可以及时提供帮助
	3. 公司是能让人信任的
	4. 一旦承诺了服务就可以准时地进行提供
	5. 对相关的一系列服务都可以进行正确记录
反应性	6. 不让顾客知道什么时候会有服务
	7. 员工不能及时地为顾客提供相应的服务
	8. 员工对于帮助顾客这件事情并不是非常热衷
	9. 员工忙碌而使得顾客的需求被忽视，或者无法及时提供帮助
保证性	10. 员工是值得信赖的
	11. 在从事交易时，顾客会感到安心
	12. 员工是懂礼仪、讲礼貌的
	13. 为了使得服务更好，公司会给员工适当支持
关怀性	14. 顾客的个性的服务要求不会得到满足
	15. 面对顾客的个别的要求，员工不给予特殊的关怀
	16. 不要对员工对顾客的需求了解的程度抱太大期望
	17. 顾客的利益不是公司优先考虑的事情
	18. 公司无法满足顾客对服务时间的需求

续表

维度	组成项目
有形性	19. 拥有服务设备，并且是现代化的
	20. 服务设施可以吸引顾客
	21. 员工的仪容仪表整洁大方
	22. 公司提供的设备与服务是互相配合的

这一量表中共包含 22 个项目，每一个项目的角度都是特定的，包含了顾客对服务水平的要求，主要包括三种，分别是最低期望的水平、期望其达到的水平，还有用户实际感知到的水平。对这三种水平我们同样可以进行测度，从 1 级到 9 级进行打分，通过三种水平的比较，得出差距值，也就是其服务质量。通过差距值，我们能直观地了解到用户实际的感受和期望至今存在的差距，并且以量化的形式看到其差异，从而更好地指导我们进行服务质量的改善。

SERVQUAL 量表的提出为研究服务质量提供了一种具有启发性意义的重要工具，为服务质量理论确立了框架，为后人研究服务质量奠定了重要基础。此量表得到了许多专家的认可，被认为是适用于评价各类服务质量的典型方法。SERVQUAL 在提出后很快受到英美图书馆界的关注，并将其应用到图书馆服务质量的评价中。加拿大学者率先将 SERVQUAL 用于评价公共图书馆的馆际互借业务；还有学者在马里兰大学图书馆等尝试运用该量表，他认为 SERVQUAL 关注的是用户的期望和感知，图书馆可以根据 SERVQUAL 的评价结果，实现用户驱动的服务质量改进。这些早期研究表明，源于商业领域的 SERVQUAL 基本上适用于图书馆服务，是对图书馆服务质量传统评估方法很好的补充。SERVQUAL 可以真切地反映用户对图书馆的看法，发现图书馆服务工作的种种不足并进行改进，从而提高用户满意率和服务水平，真正实现"用户第一，服务至上"的理念。

同时，在 SERVQUAL 这 22 条当中，只有 64% 的服务质量得到了解释，而无法深入地将服务质量的全部面貌概括进来。随着现代研究越来越深入，有效使用 SERVQUAL 的策略已经被人们所知晓，这就使得其逐渐开始得到修正，其中 LibQUAL+TM 体系相应成为更加科学的体系。

2.LibQUAL+TM 体系

SERVQUAL 最初针对的是服务业，而不是图书馆，而且图书馆本身具有自己的特殊性，所以人们开始对 SERVQUAL 进行修改。1999 年，SERVQUAL 开始用于检测服务在实用性方面的效果，这就是 LibQUAL+TM 的前身。再然后，大学之间合作将 SERVQUAL 作为基础，提出了 LibQUAL+TM，这是专门针对图书馆的一个模型，是对 SERVQUAL 工作方法和原理的继承，以及对其进行的合理修订。该模型结合了 SERVQUAL 的两个方面和 ARL 在用户调研中所发现的图书馆质量评估体系。主要包括根据 Web 界面来制定相应的质量评价的办法，制定相应的协议和相关的机制来对图书馆的评价进行约束和管理，分析图书馆应该如何提供最佳的服务，建立相应的评价程序等，在这一模型的制定和建立的过程当中，SERVQUAL 是其基础，模型的建立重新确立了用户调查的过程，力求形成新的体系和方法，从而更好地对图书馆的服务质量和效果进行评价。

LibQUAL+TM 在进行用户调查的过程中采用的主要方式是 Web，主要是由接受调查的人在网络上填写相关问卷，这种方法和 SERVQUAL 采用的调查方式非常相似，都是划分不同的层面，每个层面上又会划分相关的问题，这就形成了一种测评，从而推算用户对于图书馆的服务质量是否满意。在上述的问题中，我们又可以从三个角度对其进行评价，也就是可接受最低的服务水平、用户实际感受到的服务水平以及用户对服务质量所期望的理想水平，每个方面都可以用 9 级量表相应地打分评价。2000 年之后，LibQUAL+TM 逐渐形成了体系，人们开始利用这一体系进行相应的评估，并且在持续的修订当中不断发展。经过反复修正与实践，LibQUAL+TM 的测评指标逐渐稳定下来，并成为图书馆服务质量评价方面影响最大的一种测评工具。

三、高校智慧图书馆服务质量评价指标的主要内容

确定合理、全面的评价内容和指标是用户满意度分析的基础，也是测评用户满意度的关键。在用户服务过程中，不仅要有主体——图书馆工作者、客体——用户，还要有一些资源、基础设施等，除此之外，用户的需求是否得到了满足也

应有一个固定的结果,所以图书馆馆员、用户、基础设施、服务方式和结果、文献信息资源这六个方面都是用户服务工作的构成要素。其中,基础设施、文献资源是图书馆投入能力的具体表征,是做好用户服务工作的基础;馆员是连接文献信息资源和用户之间的纽带,真正起到"为人找书,为书找人"的桥梁作用;服务方式和结果可以对服务产生的一些效果等进行衡量,这主要是针对图书馆在产出方面的能力做出的考量,这对于图书馆的服务质量的评价来说,是一个相当重要的因素。在用户服务工作的构成要素当中,用户是相当重要的因素,能够感知另外五个要素,从而形成一定的感受,这五个要素可以反映用户对于图书馆的服务质量是否满意。其中,馆员、服务效果对应 LibQUAL+TM 的服务影响或服务效果,服务方式、文献资源对应 LibQUAL+TM 的信息或资源的获取,基础设施对应 LibQUAL+TM 的设施或环境条件。

(一) 基础设施建设

高校智慧图书馆要开展服务,必须具备一定的服务空间和基本设施。主要包括馆舍建筑、布局和基础设施。图书馆中必须要有一些基础的设施,用来帮助图书馆提供更高质量的服务,从而使得用户感到满意,因此图书馆应逐步配备快速、便捷、系统、高效的服务设施。

(二) 文献信息资源建设

文献信息资源是高校图书馆为用户提供服务、满足用户需求的物质基础,主要的文献信息资源类型有网络型、电子型和印刷型。文献信息资源是图书馆服务的保障,图书馆在选择文献信息资源时应满足数量多、质量好、有特色等标准。

(三) 图书馆馆员

图书馆馆员对图书馆的服务质量也造成了一定的影响,在众多的因素当中,图书馆馆员也是一个重要的因素,直接对图书馆的服务质量评价产生影响。一般来说,图书馆馆员应该有较高的专业知识水平和过硬的业务素质与技能,平时工作认真、负责,服务态度热情、积极、主动。

（四）服务方式

一般来说，图书馆服务的内容和形式越多，说明投入得越多，服务开展得越好。服务方式主要包括：图书馆日常的借阅服务，这是图书馆各项服务的基础；用户教育，它是用户有效获得各种服务的保证；各种深层次的信息服务，如参考咨询、文献传递、个性化服务等。

（五）服务效果

图书馆服务质量评价体系当中包含服务效果，这一效果反映了图书馆在服务过程中的质量如何，主要有以下四项指标体系。

吸引用户率。这一概念指的是在一个固定的时期内，图书馆实际服务了多少人和本应该在这时期内服务的人数的比率。吸引用户率是图书馆长期为用户提供优质服务的结果，好的图书馆应该有较高的吸引用户率。图书馆办馆的宗旨就是吸引越来越多的用户来馆，提高文献资源的利用率，实现办馆效益的最大化。

用户满意度。这一概念是用户对于图书馆服务的总体的满意度，是一个相对全面的评价，往往展现的不是单一用户的评价，而是经过处理后的、汇总的用户评价。这种评价本质上就是在展现用户对图书馆所提供的服务在期望上和实际感受上的差距。在对用户满意度内涵分析的基础上可以发现，图书馆用户满意度主要由资源满意度、服务满意度和环境满意度三个部分构成。

文献利用率。文献利用率是图书馆服务质量评价指标体系的一项重要内容，指的是在一段时间当中，用户实际应用了多少文献和图书馆馆藏文献的比率。通常情况下，文献如果得到了更多的流通，就说明其被利用得较多，拥有更高的利用价值。

主观努力度。图书馆的主观努力度表现出图书馆对用户的关心、关切和关照程度，只有真正关心、关爱和关照用户，才能为用户提供高质量的服务。在各种因素的影响下，不同的图书馆处于不同的环境当中，并且自身具备的条件也有区别。通常图书馆条件越好，就越容易取得成果，而且这个成果会更突出。但是就算是在同样的条件下，仍旧会出现不同的状况，也就是有的图书馆表现得较好，而有的图书馆则并没有取得很好的工作效果，甚至有的图书馆在条件很好的情况下仍旧不如条件比自己差的图书馆,而这与图书馆发挥的主观能动性有很大的关系。因此,评价图书馆主观努力程度是有必要的。

四大评价指标与用户发生关系的作用大小是不同的,其重要性也有一定差异。用户目的达到与否、对信息的需求得到满足与否,展现的都是服务效果,因此它们是用户满意程度的重要因素;基础设施、文献信息资源是为用户提供优质、高效信息服务的保障,这对于评价体系来说是相当重要的一部分内容;在图书馆服务的过程当中,图书馆馆员是行为主体,其劳动是服务实现的途径,主导着其他要素。如今图书馆工作逐渐呈现出了新的形势,图书馆工作人员也不再像过去一样为文献服务,现在需要为知识服务,这对图书馆工作人员的知识水平和能力提出了更高的要求,只有具备充足的知识和能力才能更好地为用户提供服务,这样才能提升图书馆整体的服务质量。不仅如此,馆员在用户满意度中发挥着非常重要的作用,可能这种服务方式相对来说影响力有限,但却是无法忽视的因素。如果时间不同、用户不同,那么往往也会产生不同的感受,有的时候,用户得到了自己想要的资源或者信息,需求得到了满足,但在这个服务过程中,对图书馆馆员的服务或者获取信息的过程是不满意的;有的时候,用户虽然对图书馆工作人员的服务很满意,但是最终却没有获得自己想要的信息,自身的需求并没有得到满足。所以用户满意程度并不是一个单一的概念,必须要在各种因素的共同作用下,从各个角度进行评价。

综上所述,要想评价图书馆的服务质量就必须从多个不同的角度进行,无论是资源、基础设施,还是服务的方式和效果,只有综合地看待才能更加合理。评价需要形成一个体系,不是把一些数据简单地罗列上去就可以形成质量评价,所以必须要运用行之有效的方式进行相应的评价,通过科学的运算来使得评价形成体系和模型。

四、利用问卷调查法实施高校智慧图书馆服务质量评价

当我们知道了图书馆服务质量评价的内容之后,就可以探索应该如何具体实施了。通常情况下,问卷调查是经常会用到的一种方式,针对这一方式,我们对其步骤进行了划分,主要包括设计问卷、发放问卷和回收问卷、处理数据、发布结论。

（一）确定用户满意度级别

用户在购买了产品或者消费了服务之后，会产生程度不同的满意状态，我们将其称为用户满意度级别。通常我们会用5个等级来对满意度的级别进行量化，很满意对应5分，较满意对应4分，一般满意对应3分，较不满意对应2分，不满意对应1分。但是在实际的调查问卷工作中，这种五级评分的方式并不适用，很多问题不能用五级评分来回答，只能说"是"或"否"，还有些问题是多选，也不能对其进行五级评分的处理。所以，应该对这一评分机制进行相应的改变（表7-2）。

表7-2 用户满意度测评指标量化分类表

选择类型	分制	可供选项	对应分值
五选一	5	很满意，较满意，一般满意，较不满意，不满意	5，4，3，2，1
两选一	5	是，否	5，0
多选	5	选5项以上，选4项，选3项，选2项，选1项，不选	5，4，3，2，1，0

（二）参考LibQUAL+TM模型设计调查问卷表

调查问卷表的问题设置对图书馆服务质量评价尤为重要，只有问卷设计好了，调查才有可能取得成功，所以我们需要对问卷进行精心设计，并对其结果反复琢磨，才能使问卷保持一定的合理性，这样才能使最终取得的调查结果呈现最佳的状态。在设计问卷的时候，要注意保证其科学性、客观性，只有这样，最终的测评结果才会准确。一般可设计三种类型的问题：选择题、判断题和问答题。选择题又分为单选和多选两种，由被调查者根据自己的意愿选择最恰当的答案；判断题由用户给出"是"与"否"的回答；问答题由被调查者提出自己的意见。

在设计问卷的时候，要注意提问的话语应适宜。问卷的卷面应该保持清晰，使接受调查的对象能够准确地获得问卷上的信息；问卷的问题应该是简洁的，使被调查者可以轻松地理解问题，尽量不要使用一些难以理解的术语；问卷中的语句意思要明确，不能出现有歧义或者是意思不明确的句子；提问的问题应该有明确的针对性，用户通过问题也可以获得特定的信息，如果问题过于一般化，会使问卷失去其本身的意义；问题不应该具有引导性，如果问题引导回答者对某种观点进行认可，那么问卷将不可能符合公正性和客观性。

（三）问卷的发放与回收

设计好问卷之后，发放问卷和回收问卷也是很重要的工作，图书馆应该尽量地提升问卷的有效率和回收率。高校图书馆问卷的发放和回收一般采取两种方式：馆外和馆内。馆外调查是由馆员或志愿者到各个院系发放调查表，介绍调查的意义和应该注意的事项等，将问卷留给愿意接受调查的人，隔天之后再对问卷进行回收；馆内调查就是让志愿者或馆员去自修室或者是阅览室等场所将问卷发放出去，并且同样需要向接受调查的人解释活动的意义、目的等，然后再进行回收。需要注意的是，无论采取哪种方法，都必须要明确问卷发出了多少、回收了多少，然后对问卷的回收率进行计算，争取达到 50%。除了这种方式，如果条件允许的话，也可以采用网上调查的方式，以手工调查为辅助，然后对数据进行收集，从而使得效率更高。

（四）数据的整理、统计和分析

评价活动中非常关键的环节就是对数据的整理，只有对各种数据进行了有效的整理，才能辨别其有效性，然后排除一些受到干扰的因素，保证最终结论的客观、有效，从而开展数据分析、数据统计等工作。对原始数据进行处理是一个相当复杂的过程，所以通常用计算机来处理数据，利用 Excel 更直观地对数据进行理解。

在数据统计过程中，一般采用层次分析法来确定权重。层次分析法就是对一个复杂的对象进行有层次的处理，使其形成一个递阶层次结构，这一过程依据的是辩证思维。之后再对单层次进行相应的判断，为其排序，然后再开展一致性检验，最终对总排序进行计算。所以，要想确保最终结果的客观性，必须要对各层级进行指标的确定，这样才能真正地知道用户对于图书馆的工作是否满意。

（五）发布结论

调查结论可以选择在内部发布，也可以选择公开发布。内部发布往往是通过书面、简讯的方式实现的；公开发布则往往是在一些正式的会议上进行发布。这样可以使得参与图书馆管理的工作者对图书馆更加了解，知道具体的服务状况，也能帮助他们了解到更多的反馈信息，从而更好地改进自身的工作。

第三节 高校智慧图书馆用户服务质量提升研究

一、高校智慧图书馆服务及其用户变化

如今，新技术发展得十分迅猛，环境已经发生了巨大的改变，这就需要人们主动适应这个时代，而图书馆也是一样的，只有适应了如今这个信息化的社会，才能跟上时代发展的脚步。在这种背景下，智慧图书馆的建设就成为高校工作中非常重要的一部分内容，对于图书馆服务和用户都起到了非常重要的作用。智慧图书馆使得资源更加丰富，加工信息的方式也更加多样，人们在服务方面展现出更加开放的一面，各种行为、能力等也会随着信息技术的发展而逐渐发生改变。

（一）高校智慧图书馆服务的变化

1. 服务方式的变化

信息技术的飞速发展对高校图书馆造成了深刻的影响，产生了重大的变革，尤其是在服务方式上出现了巨大的改变。第一，图书馆更加信息化，现在数字图书馆在我国已经占有了一席之地，并且发展得非常成熟，许多纸质的图书已经拥有了信息化的储存方式，网站等服务方式已经成了图书馆的显著特征，服务的层次也在不断加深。第二，泛在化现象出现，过去，传统图书馆的一切活动都局限在内部开展，但是随着信息技术的发展，学生随时随地都可以获取图书馆的信息，不需要受时间和空间的限制，图书馆的服务也随之取得了新的突破。第三，用户体验成为图书馆服务非常重要的一个方面，尤其是在新的信息环境下，高校图书馆十分重视用户的个性化需求，针对不同用户的不同需求，为其提供个性化服务，让用户对图书馆更加满意。新的环境是信息化的，以用户为中心，图书馆着重向用户提供更加个性化的服务，不断优化环境，从而使用户获得更加丰富的体验。

2. 服务功能的变化

如今人们处于一个信息化社会当中，而图书馆在开展服务的过程中，功能也发生了显著的变化，以更好地适应社会，具体表现包括以下内容。第一，图书管理发生转变，逐渐成为知识管理。传统的图书馆中，工作人员只需要负责图书分类、上架等工作，从而对知识进行初步的处理，这个过程主要还是靠人工。而在新的环境之下，信息技术已经相当发达了，图书管理已经逐渐自动化，而这时馆员的工作内容也随之发生变化，因此就要开始对文献资源进行相应的管理，因此需要掌握更多的知识。第二，资源逐渐从拥有变成存取，现在我们处于一个新的信息环境中，图书馆馆藏已经无法满足用户的需求了，所以出现了一种新型的存取模式，这种模式实现了资源的共享，用户可以从其他图书馆中获取资源，也可以从其他用户提供的资源中获取信息，这样信息的共享可以使得高校图书馆能够更好地服务于用户，在信息技术环境中，其拥有非常重要的意义。第三，传播知识逐渐转变为创造知识。以往高校图书馆扮演的角色是知识的传播者，但是随着信息传播变得越来越快捷，图书馆的主要功能发生了转变，由加工知识、整合知识，逐渐走向上游，变成创造知识。第四，图书馆逐渐从开发信息向开发智力转变。以往进行信息开发是为了将更多、更新的知识传递给用户，现在是在提供信息的基础上，帮助用户提高他们的创造力，提高他们的知识水平，这也属于高校的教育功能。

3. 服务形态的变化

传统的图书馆提供的是文献或者图书相关的服务，主要就是借阅相关的图书以及归还相关的图书，但现在是一个信息化的社会，图书馆如果只是对书籍的借阅进行相应的管理，那么就无法跟上时代的脚步，终将被时代所抛弃。现在用户的需求变了，不只是需要从图书馆中借阅图书或者文献，更多的是解决自己的需求问题，图书馆中有大量的文献和资料，那么如何从这些海量的资源中找到自己想要的部分呢？这就需要对相关的信息进行甄别，从中筛选出自己需要的内容，使其为自身服务，解决用户自己面临的需求问题。在这种背景下，图书馆也逐渐转变了自身的功能，只有更好地为用户进行知识服务，才能使得用户满意，自身也可以获得更好的发展。如今，学科化服务在知识服务中是一种较为突出的服务方式，这种方式是图书馆和用户深度融合，在新技术的支持下为用户提供科研方面的学术资料，提高对于相关资源的利用率，更有深度地为用户进行服务，从而使得知识得到传播。用户不需要被动地接受服务，以往用户受到空间和时间的限制，只能去图书馆，但是新的服务形态的出现，使其只需登上网站或者网页等就可以接受服务，时间和空间都不再是约束，并且图书馆还会主动提供服务，这种主动服务的主要表现就是信息的推送，使得用户可以随时随地接收信息。除此之外，高校图书馆在进行知识服务的同时，还应注重知识素养教育，以往都是进行信息素养教育，现在则是通过整合、共享相关的信息，然后对这其中的知识进行相应的创新和转化，从而对用户进行知识素养教育，我们可以将这种教育看作一场革命，不仅对用户起到了传授知识的作用，还使得高校图书馆的形象得到了提升，具有非常重要的意义。北京大学图书馆的馆长曾指出，高校图书馆会发生变化，形态可能会发生巨大的改变，比如，人们可能不再需要馆舍，很多原本储存在图书馆的馆藏资源可能也会以数字化的方式进行储存，图书馆可能会逐渐开始提供共享空间等有特色的场所，作为服务中心为用户提供服务，人们也会越来越重视这些方面的服务，便利性成为人们关注的重点内容。馆员的作用也逐渐发生了变化，将不再只负责借阅和归还图书，而是负责创建和分发工具，帮助读者以及教学工作者更好地对图书资源进行利用。

4. 馆员角色的变化

在传统的图书馆运行模式下，馆员是整理资料、搜集资料和保护资料的人，同时还负责对图书进行借阅和咨询等，但是随着大环境的变化，信息技术不断发展，馆员不仅要对纸质的图书进行相应的管理，还要对信息资源进行管理；不仅要对信息进行组织，还要对信息进行整合和处理，开发资源，甄别信息，从而将更有价值的信息和资源筛选出来，更好地服务于用户。在新的技术环境下，这就对馆员的能力提出了更高的要求，不仅要熟练应用新技术，还要为用户提供更完善的咨询服务，这种不断完善的服务方式能够满足用户的个性化需求，以往咨询台式的服务逐渐加入了技术的要素，使得图书馆的服务水平得到提升。

随着信息技术的不断发展，馆员原本拥有的很多传统技能已经落伍了，他们需要学习新的技能才满足新时代、新环境的要求，无论是计算机方面的知识，还是图书情报学等方面的相关知识，馆员都需要进行学习，这样才能使得自身与时俱进，更好地掌握新的信息，从而提升图书馆的服务质量。比如，图书馆馆员可以馆建立一个虚拟社区，通过QQ、微博或者微信等方式来将图书馆和用户更好地联系起来，使得自身的角色完成得更好，同时为用户提供更高质量的服务。

（二）用户的变化

高校的图书馆受到新环境的影响，必须重视信息时代带来的变化，用户的需求等各方面的变化都需要图书馆进行深入的研究，只有这样才能更好地为用户提供服务，才能更好地吸引用户，实现图书馆的发展。朱强馆长曾经对图书馆受到新时代信息环境影响这一观点进行了阐释："新的信息技术及其应用在不断地影响着用户，产生许多新的用户需求，并改变和提高了用户的使用行为和能力；如果我们不能紧紧跟上这种潮流，及时地满足用户这些新的需求，适应用户使用行为和能力的改变，我们就有可能流失用户，从而丧失高校图书馆的立身之本，而面临着生存危机。"[①]

1. 用户信息需求的变化

如今，技术发展迅猛，网络环境日新月异，几乎时时刻刻都在发生着变化，特别是移动终端的普及，使得信息环境的变化越来越大，这样一来，用户对于信息的需求也就相应发生了改变。第一，用户对于免费的信息有了更多的需求。现在互联网上充斥着越来越多的信息，并且有很多都是免费的，这就使得用户很难再去愿意购买那些收费的信息。网络上很多免费的资源都为用户带来了方便，这样一来，面对一些收费的信息，很多用户就会难以接受，望而却步，而如今高校中仍旧存在这种收费的现象，这就使得用户在需要付费获得相关文献的时候，心理上会觉得很难接受，使得图书馆和用户之间的需求彼此脱离。第二，用户对于获取信息的空间需求是不断发生变化的，总是希望用最小的成本得到最符合自己需求的信息，而以往环境下那种只能在图书馆进行信息和资源的获取和查询的方式已经不再符合用户的需求，并且还会造成很大的不便，用户更希望能够在自己所处的环境中获取相关的资源和信息，那么此时远程获取信息就成了用户非常需

---

① 朱强，孙卫，赵亮，等：《以开放的心态迎接新的信息技术——2009年信息技术在图书馆的应用》，《中国图书馆学报》2010年第3期。

要的一种方式。在新的信息环境之下，图书馆越来越支持用户远程获取信息，这样使得用户的需求可以及时得到满足。第三，用户对于获取信息的时间的需求发生了改变，用户现在希望获取信息不再受到时间的约束，最好随时都能获得信息，实现零时差。这样高校图书馆就需要更进一步地提升技术，从而能够在时间上满足用户的需求。第四，用户对于获取信息的工具的需求在发生改变。如今，移动终端越来越普及，用户可以通过各种渠道获取自己想要的资源，不仅如此，随着新技术的发展，用户获取信息的渠道会越来越多，因此图书馆需要提升技术水平，满足用户对于获取信息的工具的需求。第五，用户想要获取的信息内容越来越不同，对于信息内容方面的需求在不断发生改变。新的环境下，单一的信息无法满足用户的需求，他们对于信息的内容有着越来越高的要求。图书馆如果采用传统的模式，就很难满足新环境下的用户需求，因为用户需要越来越多的信息，信息内容应越来越多元化，纸质的图书服务是远远不够的，必须加入更多的数字化服务，才能使用户的需求得到满足。

2. 用户信息行为的变化

用户有不同的信息需求，为了满足自身的需求，用户会开展相应的活动，这种行为就是信息行为。信息行为包含很多方面，如信息的筛选、检索、整合和使用等。用户希望用最小的成本来尽最大可能获取自己所需要的信息，这里的成本包括了空间成本以及时间成本。在新的信息环境中，用户的信息行为是不断发生变化的，具体主要体现在以下几个方面：第一，认知行为。从互联网上获取信息几乎是用户的共识，因为这种方式很容易，并且成本低、信息多，使得用户产生了一种依赖心理，对于高校图书馆自然就越来越忽视，虽然数字化服务已经成为高校图书馆的特色，但是用户很难对其产生认可，很多用户比馆员还熟悉如何检索信息，这使得图书馆的作用越来越弱化。第二，检索行为。如今技术发展得越来越快，这样也促进了搜索引擎技术的不断发展，使得用户的信息检索变得越来越容易，从而产生一定的依赖。这给传统的高校图书馆造成了巨大的挑战，只有积极发展新技术才能吸引更多的用户。第三，在消费行为。如今用户对于等待信息的时间的容忍度越来越低，越来越缺少耐心，也不会一直使用某一种工具或者某一种渠道。比如，用户在获取信息和资源的时候，往往会对标题、摘要等进行一个大致的浏览，然后判断其是不是自己所需要的内容。还有就是用户不再只是单一的信息的获取者，他们也可以自己生成信息，然后加以传播。第四，学习行为。越来越多的用户会采用移动终端作为自己学习的方式，电子阅读成为用户学习的一种主要方式，进行传统的纸质阅读的用户越来越少，这导致了其在学习行为上的巨大变化。

3. 用户信息能力的变化

第一，用户对于信息的认知能力在不断提高。首先需要对信息进行认知才能产生相应的信息行为，而用户对信息的来源有一定的掌握，对于信息产生、传递和存取过程也有一定的理解，这样才逐渐产生了对信息的认知能力，在这个过程中，对信息的认知能力不断地提升，用户逐渐可以对信息进行判断和辨别，判定信息是否符合自己的需求，是否有用和有效，这样用户就会更加注重信息的来源，对于信息的要求也越来越高，对于图书馆信息服务也会提出更加严格的要求。第二，用户在信息检索方面的能力越来越强。如今，网络资源越来越丰富，用户可以通过各种渠道进行信息的检索，这样一来，其在搜索信息这一方面的能力就越来越高，他们已经可以非常熟练地进行信息的检索，甚至在高校图书馆中，很多馆员的信息检索能力都要略逊于用户。第三，用户在信息的处理方面的能力在不断地提升。随着信息技术的发展，越来越多对知识和信息进行管理的工具和技术出现了，包括多媒体、数据库等技术，用户对于这些技术和工具的使用是越来越熟练的，他们可以利用这些技术和工具，对相关的信息进行整合和处理。第四，用户在信息共享方面的能力也在不断发生着变化。信息环境中，人们对信息进行交流和传播的方式是不断发生变化的，并且这些方式越来越多，促进了信息的交流，也加快了信息的传播，时间和空间已经不再是用户进行信息共享和交流的障碍。目前的高校图书馆在数字化方面仍旧是有限制的，在信息共享方面仍旧受到一定的约束，很多资源都无法和用户进行共享，这样就和如今用户的共享能力产生了差距。

二、高校智慧图书馆用户服务的原则

高校智慧图书馆在对用户进行服务的过程中，其秉持的宗旨是"读者第一、服务至上",接下来,本书将对其工作所需要遵循的原则进行阐述。

(一)以人为本的原则

高校智慧图书馆要想顺利开展工作,就要坚持以人为本的原则。以人为本主要是指图书馆在服务的过程中,能够把读者放在第一位,全面为读者服务和着想,了解读者的阅读兴趣,并且能够通过多种方式来满足读者对文献的需求。以人为本的原则体现了"一切为了读者"的服务理念以及全局性的要求,也就是说,图书馆中所有的人和事物都要以读者为中心,尽最大努力满足读者的需求。以人为本主要体现在以下三个方面。

1. 从方便读者出发

从根本上说,图书馆的主要工作就是为读者提供更好的服务。图书馆制定一系列的规章制度,也是为了给读者营造轻松舒适的阅读环境,以及减少阅读障碍。但是,有时候图书馆也会从自身的角度来制定规则,因此就可能会给读者带来一些不便,在某种程度上限制阅读自由。因此,图书馆在制定规章制度时应该更加用心,要从客观角度出发,协调好图书馆、工作人员、读者三者之间的关系,既要方便读者,又要坚持科学管理。

2. 建立科学合理的馆藏组织与揭示体系

图书馆是不断发展的,在这个过程中,其藏书量也在不断增加,这样就使得其形式和内容不断发生变化,馆藏的结构和组织越来越复杂,所以只有对馆藏进行适当的布置,才能使得其形成合理的布局,使读者在检索文件时更加方便,工作者在对文献和资料进行管理的时候更加高效。在图书馆的资源组织过程中,不仅要收集相关的信息和资源,还要对读者需求加以重视,对资源进行组织,帮助读者快、精、准地检索和获得所需要的文献。图书馆应采用科学的方法将馆藏文献、网络文献以及可以共享的一切文献组织成一个有序化的资源体系,从而科学地进行组织和布局,形成一个完整的目录体系。

3. 建立协调统一的服务体系

图书馆在信息化的环境中已经逐步实现了自动化、网络化,这样可以更好地为用户进行服务,用户在查找资源的时候也会缩短时间,十分方便地获得所需资源。

图书馆应当充分利用新技术手段,然后将服务体系建立起来,合理、科学地进行管理和服务,将以人为本的原则应用到实际的服务中,从而充分体现图书馆的服务水平。

(二)平等原则

图书馆在进行信息服务的过程中,最基本的一条原则就是平等原则,这是图书馆进行服务的一个基本方向,其具体表现主要包括以下两个方面。

1. 平等享有权利

平等就是没有高低贵贱之分,没有特权,人人都处于一个同样的境地,不因为身份或者其他条件而对人高看或者低看一等。《联合国教科文组织公共图书馆宣言》(修订版)于1972年发布,其中指出,公共图书馆不能因为年龄、信仰、语言等而对人产生歧视,任何人都有权利进入图书馆,并且享受同等服务,图书馆必须要平等看待每一位用户,为他们提供平等的服务。平等原则强调的是图书馆要尊重、关爱每一位用户,坚决维护用户的合法权益。用户所拥有的合法权利包括以下几个方面的内容:任何人平等享有对问题进行相关咨询的权利;人人都有权利成为图书馆的用户;任何人都平等地享有自己的隐私不受侵犯的权利;任何人都可以对图书馆的管理进行监督;任何人都平等地享有遵守图书馆制度的权利,同时也有义务去遵守图书馆制度;人人都有在图书馆阅读的权利;任何人都可以平等地提出自己的合理化建议;人人都能评价图书馆的工作和服务;任何人都有权利平等享受辅助性服务,主要包括卫生、安全等;任何人的合法权益受到侵害时,都平等地享有进行诉讼、要求赔礼等的权利。作为图书馆人,应该明确自己的职业信念——不能侵犯读者的权利。

2. 平等享有机会

平等享有机会,是指高校图书馆除了应该保障用户平等利用图书馆的权利外,还应该为所有图书馆用户提供平等利用图书馆的机会,不应有任何用户歧视。

可以说,没有平等就没有人文关怀可言。平等的原则要想得到彻底的贯彻,就需要以用户为中心,确保用户方便地获得信息资源;图书馆要为用户提供一个良好的环境,这个环境的氛围应该是宽松的,尽可能地消除障碍,做到信息资源占有和利用的平等，尊重用户自主查询和利用各种信息资源的权利，坚持守密原则，不监控思想，不窥探用户的个人隐私，尽量为他们个性化的信息需求提供帮助。

（三）特色服务原则

图书馆由于工作性质、任务、服务对象和地域的不同，在信息资源的搜集与建设、服务的方式、管理等方面，呈现出各自独特的内容或风格，显示出不同的特色。信息资源有特色，这是图书馆进行特色服务的基础，也就是专业性服务，或者是具有专题性的服务，可以对用户进行有针对性的服务，满足用户的个性化需求。在网络信息资源极其丰富的今天，用户的信息需求更加趋向微观化和个性化，他们需要的是个性化、特色化、专业化的文献信息。因此，信息服务要有针对性和特色性，多层次、多角度地满足用户的需求。没有特色，图书馆就难以在林立的信息机构中生存和发展。只有独树一帜，树立品牌，提供特色服务，图书馆才能吸引更多的用户，得到更好的发展。

（四）创新服务原则

图书馆所收藏的文献信息、用户的信息需求、服务技术以及馆员的业务能力和业务水平都是在不断增长、不断变化着的，而图书馆正是在这种不断变化与创新中发展起来的。要创新，首先要树立创新意识，确立主动化、优质化、品牌化、专业化的服务理念，具体体现在以下三个方面。

首先，服务中要主动想方设法贴近用户，处处为用户着想，为他们提供尽可能的方便；讲究"精、快、广、准"的服务，满足用户求新、求快、求便捷的心理；通过特色馆藏、特色服务、特色活动、特色环境等突出本馆服务特色，建立图书馆特有的品牌服务；建立一系列严格的业务规范与规则，凸显图书馆服务的专业化。

其次，要创新服务内容。例如，在信息服务方面，要努力从文献提供服务向知识提供服务转变；加大参考咨询，特别是网上虚拟参考服务的力度；增加网上信息导航；开展个性化信息服务；充分利用各种资源，开展形式多样的读者活动等。

最后，图书馆要对服务的方法进行创新，比如，对服务的模式进行转变，从传统的单一的模式，演变成知识库、数据库等方面的服务，主动推送信息，提供离线的信息查询服务等。

（五）资源共享原则

随着社会的进步和科学技术的飞速发展，文献出版数量剧增，各种信息大量涌现。任何图书馆没有必要，也没有经费去全面搜集、存储各种信息资源。如今用户的需求在不断改变和增加，图书馆要对共享资源这一概念重视起来，并且真正地去贯彻、落实，变"一馆之藏"为"多馆之藏"，才能减轻单个图书馆的负担，既能最大限度地满足用户对知识、信息的需求，又能充分发挥馆藏文献信息资源的作用。资源共享将有力地促进人们对知识的继承和发扬，实现人类的共同进步和发展。为此，图书馆之间应积极进行合作，加强信息资源的共知、共建、共享，使得图书馆充分发挥自身的作用，并使自身的地位得到提高。

三、高校智慧图书馆用户服务质量提升策略

（一）提高科学数据管理服务能力

在科研和学术研究工作中，科学地进行数据管理是非常重要的，为了满足高校师生的需求，智慧图书馆应该从根本上提升自身在数据管理方面的能力，更好地服务于高校师生，同时提升服务质量。

1. 完善科学数据管理体系

很多用户都是数据的利用者，智慧图书馆主要面对的就是这些用户，所以对数据进行科学的管理是非常有必要的，因为如果无法系统地对数据进行管理，就很容易造成相关数据资源的浪费，所以只有高效地管理这些数据，才能使其得到有效的利用。

高校要制定相关的政策对数据进行合理的管理，政策需要和高校实际情况相符合，成立科学数据管理委员会，下设指导小组和行动小组，各司其职，为顺利开展工作提供组织保障。数据管理主要分为指导与行动两个部分。指导小组主要负责科学数据管理的方法研究和方案制订，发现行动小组在数据管理过程中存在

的问题，并提出改正建议。行动小组是数据管理的亲历者，在执行指导小组方案的同时，向其反馈执行中存在的问题和可能出现的后果，并为指导小组提出的整改方案提供实践数据。结合实际情况制定清晰的管理服务流程图和数据管理时间路线图。同时，还要加强科学数据的生命周期管理，不同学科分类管理，对数据的产生过程、数据格式、数据时效性进行分类及统一化管理。科学数据实现校、院、系、课题组逐级管理、分批归类，对于有收藏意义的科研数据及其他科技数据应分课题组、分实验环境进行严格分类并实现时间的唯一性设置。对于可能存在收藏意义的历史文件和科学数据，实现安全保存、分类放置，同时应退出基本查询系统，让出有效储存空间，提高数据查询速度。通过建立调查分析制度，对科研人员、科研团队进行定期的数据需求分析，及时了解科学数据管理的实践情况。

建设跨学科知识库。高校要根据不同学科的特色提供数据管理服务，包括数据的表述与管理、数据格式修正、数据存档与检索，建立数据共享中心。同时要分析用户的数据需求，进一步整合不同学科的不同需求，合理地配置管理资源，进而实现重点学科重点建设、多学科同步发展的布局。不同学科或不同方向的科学数据在实现有效管理的过程中，需要按照设计、实施、持续发展的过程，循序渐进地完成。学科知识库的建设需要进行详细的设计与分析，并在合适的时间、合适的范围进行试点，验证功能性，一次过程可能持续数月时间。在通过小范围试点后进入实施阶段，在执行期间完成监督与反馈工作。最后进入稳定的持续发展阶段。

建立科学数据管理方法培训机制。建立完整的、科学的科学数据管理培训制度，加强馆员及在校师生对科学数据的管理观念，确保科学数据的利用效率。面向全校师生员工开展数据管理培训课程及管理技能训练，培养数据管理能力与意识。本着线上线下同时进行的原则，加强广大师生及数据提供者的科学管理意识。根据智慧图书馆的服务特点，培训过程应主要集中在网络平台上进行，可以设计有奖问答环节，在移动平台上促进师生完成科学数据管理方法的自主学习，同时每学年举办科学数据管理方法竞赛，提高广大师生对科学数据管理方法的重视程度，促进数据的统一管理，为进一步提高科学数据的管理效率打下坚实基础。

2. 开展科学数据管理系统培训

根据有关资料显示，英国数据监管中心已开发出科学数据管理的相关培训课程，内容涉及多个领域，并纳入高等教育的课程体系。目前我国高校在数据管理培训方面还有所欠缺，难以培养优秀的科学数据管理人员。对于基本的科学数据管理方法及管理经验，可进行大范围培训，而重要的技术则需要一对一或一对多地培训，同时进行多对一的复核，以确保培训的准确性。培训中，工作小组发现问题后，应提交到图书馆，再利用讲坛、讲座等方式促进图书馆部门间学习，寻找解决问题的方案，实现问题的实时反馈、及时改正。同时，管理层通过学习管理方案，把握好培训内容的时效性及方向性。借鉴相关培训内容，培训过程也采取线上线下同时进行的方法，以线下教学为主，线上学习为辅。通过确定固定时间、固定模式的课堂教学进行一系列相关的培训课程，同时穿插不定期的扩展训练、团队活动，主要使馆员、教师等知识传递主体接受数据管理方面的正规培训，在提高数据服务能力的同时提高科学数据素养，构建其参与科学数据服务工作所需的知识能力结构；提高学校师生对数据管理的认识，增强科学管理意识，提升相关知识水平。对于图书馆领导层面的负责人，可重点培养和培训。负责人结合各部门的特点，以树状结构向下逐级培训、逐级监督，稳步提高整体服务能力。针对不同学习水平的学员，也可通过分级教学或者网络自学的方式，提高管理能力。针对不同的部门制定不同的培训目标，让受训者明确学习方法及能够获得提升的技能项目，加强学员对培训知识的渴望，制订培训方案，并对培训结果进行评估，及时反馈培训结果并优化培训方案。

3. 提高图书馆咨询团队知识转移效率

智慧图书馆咨询团队一般包含不同专业的馆员，具备良好的知识转移效率可以促进馆员之间的知识互补，提高团队综合实力。目前智慧图书馆的咨询团队仍处于建设阶段，咨询能力还不高，加强咨询团队建设会使知识转移效率有效提高。知识传递过程包括传递、应用、创造、校验，四个环节相互影响、相互促进。其中，创造与校验是知识产生与准确性验证的过程，而传递与应用则是知识发挥其作用的部分。知识传递是知识应用的基础，在知识转移过程中，内部转移是外部转移的基础，因此提高知识转移效率是提高知识应用效率、保证知识传递正确性的重要保障。

建立完善的团队知识转移制度。高校智慧图书馆应建立咨询团队的知识转移制度规定，这也是馆员活动、工作的准则。严格的制度在知识转移过程中并不会影响转移的效率，相反，由于所有人都遵从同样的规则，在处理日常工作和突发事件时，馆员之间拥有建立在互信基础上的较高的默契度，因此转移效率及工作效率都能够得到保证。

增强团队互信。在知识转移过程中，信任是馆员之间交流的基石。知识转移中表述不清、时间差异和理解偏差等问题都可能影响馆员之间的信任。这要求馆员重视互信的培育，增强相互的信任感。通过建设团队文化、完善知识转移细则、建立严格规章制度等手段，给馆员一个互相信任的环境；通过组织交流活动，建立激励制度、组织扩展活动等方式，给馆员互相信任的心态。

加强内部交流。交流是一个合作团队高效运行的关键，交流能力越强，馆员之间知识转移速度越快、转移的准确度越高。以内部交流会议为主，进行小范围的讨论及实际操作交流，同时，结合目前高速发展的通信手段，建立交流群，提高交流频率，降低交流负担。

（二）优化信息资源配置

资源丰富程度和资源合理性是影响智慧图书馆服务的重要因素之一，科学研究表明，高校智慧图书馆需进一步提高资源的丰富度，合理配置各类资源，以满足广大用户的使用需求。根据当前的实际情况，应从信息资源服务布局、特色资源服务等方面着手对信息资源进行优化。

1. 完善信息资源服务布局

信息资源服务的布局及分配是否合理，对智慧图书馆的服务效率有着很大影响。与此同时，由于大部分高校智慧图书馆的数字客户端都较为相似，缺少特色资源服务，因此高校智慧图书馆数字资源重复，辨识度比较低，不利于展现特色服务。为实现信息资源的优化布局及资源的合理分配，应在用户使用服务的过程中对用户的喜好、偏爱进行统计，并实时反馈到智慧图书馆的导航系统中，使导航系统与资源分类系统更加人性化。

信息资源布局的有效管理。开架制对于高校图书馆来说是极其重要的，它是高度开放的借阅方式。高校在智慧图书馆服务中，数字资源也应该采用"开架式"服务，读者可以自由地在整个数字平台上完成书籍的浏览与借阅，既提高了读者的积极性，又方便读者查找，节省了读者的借阅时间。在资源分配上可分为三个梯度，按照利用率及资源的时效性进行分类及管理。一线资源应该重点对待，要求权威、及时、准确，并能够满足大多数的读者；三线资源为老旧资源，主要用于留存备查；二线资源介于一线和三线资源之间，有时可补充到一线资源中，待时效性和关注度下降后可归于三线。利用三线制提高图书馆资源的有效管理，将智慧图书馆的主要精力放在重要资源的管理上去，从而达到提高服务质量的目标。同时应利用数据库资源，根据读者借阅的数据反馈，及时调整资源布局，提高信息分配的应变能力。

信息资源的合理分配遵循学科为主、文娱为辅原则。科学文献、论文、专利等学科资料是高校智慧图书馆资源的重要部分，担任着重要的教学角色。高校智慧图书馆的学科资料组成必须科目齐全并且需要进行科学管理，在确保完成教学辅助任务的前提下，增加学生的课外知识量，促进学生的全面发展。在此基础上以社科知识、时事报道、娱乐休闲等内容为辅，遵循多层次同步发展原则。高校师生处在汲取、提炼知识的阶段，不同学习阶段所需要获取的知识不同，应将高校信息资源依据相应理论领域的难度阶段，划分多个层次，进行分级管理、分级收藏，学生在借阅过程中可以提高搜索速度，提高借阅的准确度，实现高速、高精度信息资源的检索。在保证信息资源多层次、全面性的同时，注意提高馆藏的系统性，使信息资源的分配更加合理，以满足用户对数据资源的需求，提高智慧图书馆的资源利用率。

2. 建立特色资源服务

依托学科特色定位。高校智慧图书馆重点服务的对象是师生员工，其馆藏数据库应重点强化本校特色学科的相关数据库建设，即依托本校特色，确立特色学科、特色突出的原则。提高资源利用率，提高馆藏数据的调研效率，保证特色数据库资源的系统性和完整性。同时可以增加音频、视频、慕课等多种模式的资源，实现多种媒体共同发展，这些资源包含的信息量更大，也更受用户喜爱。特色学科服务与其他基础学科、文艺娱乐一样属于移动图书馆馆藏的一部分，这部分资源的用途相对较少，同时该部分资源的专业性更强，针对性更强，更具有高校的特色。

虽然依托学科特色建立的数据资源获取难度大、利用率较低，但这部分资源属于高校智慧图书馆的特色资源，甚至是独有资源，可以为在校师生及科研人员提供专属服务，从而满足了用户对该方面特有资源的需求，进而提高用户的满意度。

提供用户需求定制服务。不同用户拥有不同的偏好，每次都进行同样的搜索与查询不但耽误了用户的大量时间，同时也影响了用户的使用感受，降低了用户的满意度。借助发达的计算机技术，可以对每个用户进行偏好设置数据统计，使得根据用户需求定制图书馆服务成为可能。高校智慧图书馆应建立沟通反馈机制，通过用户交流、用户参与等方式，及时了解用户需求，实现资源与需求的实时反馈模式。用户需求定制服务应该分为线上与线下两种模式，其中线上定制为用户的独立空间，主要通过移动平台的统计功能实现，通过用户的个人设置及系统的偏好设置一同实现定制，通过分析用户的历史操作记录，分析用户的偏好，通过对个性化信息进行自动匹配，降低移动平台的使用难度，提高用户的使用满意度。在线下方面，每学期举办一次交流会，了解师生对信息的需求方向，逐步为用户提供个性化智慧图书馆服务。进行科研项目跟踪。高校科研团队和科研项目多，采取对科研骨干、学科带头人进行采访的方式，可及时掌握重大科研项目的文献资料需求方向，建立科研项目进展档案，完成文献查阅、翻译、专利查询代查等特色服务，为老师以及科研工作者立项、中期、结题等关键阶段提供信息支持，必将对科研工作起到事半功倍的作用。同时根据项目性质，将非保密部分进行网络备份，为今后的工作及其他项目的申请提供数据支持。

通过建立用户偏好数据库系统，记录用户在使用过程中的特殊化设置及信息倾向，实现信息筛选及大数据分析。在数据库有效、稳定的前提下，建立高准确度推送系统，提供高精度推送，实现特色、定向性的服务，减少信息冗余数据、信息模糊等问题对用户在信息获取过程中的影响。

(三)加强移动平台建设

众所周知,智慧图书馆的基本特点是无论何时何地,都可以快速、便捷的使用。目前,无论是国内高校无线网络的建设,还是无线网络的覆盖率,均存在明显的不足。因此,我国高校应提升服务质量,进一步加强移动网络的建设。除此之外,智慧图书馆的设备接口也应该不断加强多样化建设,同步推进高校智慧图书馆服务质量的提高。

1. 终端设备接入端口多样化建设

智慧图书馆的主要载体是移动设备,它和移动终端融合度的高低,不仅直接关系到服务质量,还在一定程度上影响它的工作效率。智慧图书馆应该将自身的优势充分发挥出来,使图书馆与其他应用系统实现有机结合。

(1)增强通信软件之间的融合度

我们处于 21 世纪的信息时代和信息社会,有很多以信息技术为基础的实时通信平台,如微信、QQ 等,并且逐渐成为影响人们日常生活的重要通信方式,以及使用最广泛的社交软件。随着物联网技术和互联网技术的发展,智慧图书馆建设也进入了一个新阶段。高校可以借助朋友圈推送、公众号等,使用户和智慧图书馆之间的交流效率得到较大幅度的提升,让用户能够快速了解智慧图书馆发生的一系列改变,从而改善用户的使用体验。

(2)增加网页社交平台的接入端口

通常情况下,有的人会把自己喜欢的书分享到社交平台,如微博、论坛等,为人们提供相互交流的机会,另外这些社交平台还可作为智慧图书馆和用户之间相互沟通和交流的平台。智慧图书馆作为一种新型服务模式,其功能更加丰富多样,为广大用户提供了更多便捷和优质的服务。高校智慧图书馆应该在社交平台上设置接入更多的端口,这样能够快速提升用户和图书馆之间沟通的效率,让智慧图书馆的影响得到有效扩展与延伸。

(3)提高 App 的兼容性

智能图书馆客户端 App 作为工具是独立的,并且有着十分强大的功能,虽然借助先进的信息技术能够让智慧图书馆绝大多数功能得以实现,但在手机种类越来越多的情况下，操作系统的复杂程度也在不断提高，当前苹果 IOS 与安卓两个系统之间依旧有多个方面无法互通，这也间接对高校移动图书馆 App 的建设提出了比以前更高、更细的要求，只有扩大 App 适用范围，高校智慧图书馆才可以真正满足不同用户的需求。

2. 做好校园无线网络全覆盖

通过上述内容，我们已经知道，方便快捷、随时随地是高校智慧图书馆最根本的特征，无线网络技术的进步，正好让高校智慧图书馆实现了这样的功能，即访问网络的时候，可以通过各种便携式的设备接入网络，而这也是高校建设智慧图书馆的基本条件。高校校园内部无线局域网一般由室内和户外两种形式组成。高校户外的无线网络可以使用户外类型的 AP，装设于教学楼外墙上或上方，使用大功率发射机，增强了覆盖的范围和效果。校园内有地形复杂的地区，也有简单地区，在比较复杂的地区可以将定向天线和全向天线组合，从而确保覆盖区域信号强度。在网络布线不便、无法布线的地区，可以采用无线网桥的方法来远距离交换数据。

高校在对室内无线网络进行覆盖的时候，可以使用室内壁挂式 AP。它可以利用墙壁作为天线或将无线发射单元放置于墙上，通过墙体内的射频通道实现对整个室内环境中各个位置点的通信。室内 AP 和室外 AP 相比，功率较低，同时因为 AP 信号的穿透性并不强，所以比较大的屋子均应该放置，规模比较小的房间，则可以利用邻近房间 AP 信号。室内无线环境复杂多变，必须根据实际情况选择合适的天线和功率分配方案，以满足不同用户对信号强度、覆盖范围及质量等方面要求。需要注意的是，在对信道规划时应给予一定的重视，在确保接入容量的前提下，尽可能避免邻室的干扰。

3. 提高资源共享安全性

毫无疑问，安全问题对网络应用的发展有着不可忽视的影响，是其快速发展的关键因素。对高校智慧图书馆的使用者而言，网络安全一方面涉及个人隐私、资料的安全，另一方面也和科学理论的严谨性存在一定的联系，所以安全问题非常重要，不可忽视。高校智慧图书馆除了要为每一位用户提供进入密码，还要为每一位用户提供用户账户，并且无论是用户账户，还是进入密码，都是实名绑定的，使密码安全等级得到提升的同时，也保证密码的有效性，添加其他关联账户实名认证账号的登录方式，打开实时登录通知，最终让用户的账号使用安全性得到提高。分别备份个人资料，增加防火墙等级，充分保障个人信息安全性，确保个人资料的安全。与网络中心及其他部门共同制定紧急事件应急处置方法和步骤，消除隐患，还原资料原始数据。

（1）确保共享数据的准确性

通过设置安全策略和权限控制机制，建立完善的个人信息安全管理体系。同网络中心开展紧密合作，加密数据库的全部数据，使数据的保密性与安全性得到提升，根据不同的重要级别为数据加密，确保整体数据的安全。建立完善的数据安全体系，制定科学的信息安全制度，确保信息在传输过程中不会被篡改。积极设立强制存取控制，严格密级分配数据，增强抵御病毒及恶意攻击的抵抗能力和水平。

（2）强化数据备份

对智慧图书馆而言，数据占据非常重要的地位，将供应商所提供的资料排除，高校图书馆本身的数据就是充分反映智慧图书馆特征的重要信息资料，一旦破损或者遗失，智慧图书馆就会完全陷入瘫痪，无法正常工作。为了保证高校智慧图书馆的正常运行，有必要定期备份馆藏的数字资料，并且严格按照储存介质的储存环境以及使用年限，对数据储存介质进行定期的维护、替换与保养。

（3）加强对病毒、黑客的预防

必须安装有效杀毒软件和防火墙，并且实时更新，实现病毒预警，及时应对。通过在客户端和服务器之间建立一个安全通道，使用户能够随时访问服务器上的数据，提高网络安全性。对于不同级别的数据，设定不同安全等级，对数据进行分块处理，最大限度地减少资料感染病毒的概率。

（四）提升馆员能力水平

1. 提高馆员专业知识水平和情报获取能力

就高校智慧图书馆而言，无论是管理还是运营，与传统的图书馆相比，在多个方面存在十分明显的区别。例如，馆员工作场所由"台前"向"幕后"的显著转变，更为重要的是馆员在工作当中的角色也发生了相应的转变。馆员在全新的服务环境当中，应该紧随时代发展的步伐，快速适应信息技术的发展趋势，着重研究和学习网络建设知识，以及深入学习移动服务的各种关键要领，对网络沟通的能力和技巧进行充分、熟练的掌握，从自身出发，持续增强网络资源保障的能力。恰当分析高校智慧图书馆使用者的各种信息需求，有针对性地建设和管理资源。在当前的社会大背景之下，高校图书馆的工作人员必须拥有较强的创新意识和创新能力，以更好地适应现代信息社会的需要，并为读者提供更加优质的服务。

高校中已有的学科馆员本身所学习的专业不同于本校的重点学科，因而没有办法真正深入每一门学科当中。学科馆员应积极参与到每一门学科当中，特别是在重点学科建设期间，应该在不断增强自己对各个学科理解程度的前提下理解和认识学科构建的具体过程。以学科建设为目标，提供相关数字数据建设方案，提出建设的步骤，提高用户和智慧图书馆两者之间的契合度，在快速提升智慧图书馆服务水平的同时，也要进一步提升其服务质量。还要加强高校智慧图书馆在情报队伍方面的建设，既要有效调整图书情报人员的思想意识，又要对图书情报人员的知识结构进行积极的优化、调整与完善，使馆员知识结构由传统图书馆情报学知识逐渐过渡到智慧图书馆情报学。高校图书馆工作人员需从单一文献服务转向数据顾问和信息管理者。在新时期下，高校要重视对智慧图书馆建设模式和策略的研究与探索，正确地指引、引导教师和学生熟悉、认识和了解新型数字资源应用，并且科学、合理地参与其中，让数字资源的利用效率得到大幅度的提升，缩短教师和学生获取资源的时间，实现全面发展和提升高校智慧图书馆服务质量的最终目的。

高校应该通过多种形式，如演讲、论坛等，让图书馆工作人员的综合知识水平得到广泛的提升，同时形成较强的信息意识，积极培养和发展他们在信息方面的敏锐洞察力。借助各种形式的培训，以及内部、学校之间的相互交流与沟通，充实图书馆工作人员对图书馆学、情报学等方面的认识和理解，夯实图书馆工作人员对智慧图书馆情报学最基本的知识内容的掌握。注重和强调对图书馆工作人员网络信息化知识与操作水平的培训，增强他们的业务能力和水平，不仅要开展语言表达能力的测评，还要进行外语翻译能力的测评，积极构建和完善追赶机制，全面提升图书馆工作人员的情报获取能力。

2. 建设图书馆管理服务新体系

构建新型的智慧图书馆管理服务体系，使馆员深入学习和研究一个或者多个重点学科与重点方向，全面有效地提升馆员的专业能力水平，并且借助馆藏的基础，分类整合特定学科的网络资源和文献资料，从而形成各学科专项收藏，使服务的深度和效率得到快速的提升。

与此同时，高校智慧图书馆还应该积极开展一系列的创造性工作，如对学科文献进行整理和分类、深入分析和研究学科的方向等，增强馆员的学习主动性和积极性，归类、评述和比较科研成果，进一步提高科研过程中的问题的求解效率。一方面，整合、编辑和总结国内外最新的研究成果和技术；另一方面，既提供各学科专业最新进展，又提供最新国际科研方向，最终快速提升馆员、教师、学生学习或者科研时调研和文献搜索的效率。与馆员熟悉图书馆资源的程度相结合，及时向教学人员和科研人员提供需要的高度相关信息，以及具有重要价值的参考线索或者学术评论，从而进一步提升智慧图书馆科研资料调阅的服务品质。

（五）完善移动服务链管理

1. 用户体验管理

（1）优化体验数据主动测量

用户利用智慧图书馆查找资料的过程，也是使用服务的过程，此时智慧图书馆馆员要主动监测系统服务状态，及时记录不同的数据，如下载速度、误码率等。收集好数据之后及时分析，以用户需求为导向，计算实际运行状态和用户期望值之差，深入剖析问题的成因，适时优化，尽可能地避免用户投诉。

（2）加强体验数据被动收集

在智慧图书馆的运行中，不可避免地存在或者会发生一些问题，再加上庞大的用户数量，难免众口难调，和一些用户的预期产生微小偏差，此时一定要厘清问题的思路，千万不可以讳疾忌医，应该将用户反馈渠道通过规章制度发布出来，及时掌握不同用户的需求和建议并得到反馈。

2.用户需求管理

（1）强化对用户行为和使用过程的管理

从用户角度出发来管理用户行为，实际上是了解不同用户需求、喜好的重要方式。本书分析了目前智慧图书馆建设中存在的问题，提出从建立以用户为中心的服务理念、构建"以人为本"的服务体系和完善个性化服务等方面入手，来提升智慧图书馆的服务水平。因此，应通过强化对用户行为和用户使用流程的监管，全面了解某一时期不同用户对智慧图书馆的不同要求，在不断提升图书馆自身服务质量认知水平的同时，确定完善、优化的最终方向，努力满足不同客户的不同需求。

（2）强化数据分析与预测

在信息技术高速发展的今天，移动设备不断推广，计算机技术快速持续发展，用大数据分析顾客行为已是大势所趋。高校能够有效借助强化数据统计的方式开展深入的分析和研究，同时也是一种高效管理用户的途径，用户需求信息以数据形式展现出来，改进、完善和优化智慧图书馆相关制度、软件设计等问题，循序渐进地提高用户满意度。

3.服务供需管理

（1）对服务的供需关系进行合理的评价

智慧图书馆的服务最佳状态就是读者的实际需求，和智慧图书馆提供的服务相匹配。智慧图书馆想要达到这种最优状态，需科学评价与测算它的服务能力，以及预判可能出现的突发事件，最大限度地在避免服务供应不足的前提下，努力避免多余和浪费服务。

（2）合理分配服务能力

为了顺利实现用户的实际需求和智慧图书馆的服务能力相匹配的目的，智慧图书馆在满负荷工作的过程当中，应具有从容应对、不慌不忙的服务能力。在此情形下，图书馆可以通过调整系统中的某些功能模块来提高其服务质量。通常情况下，图书馆难以步入满负荷状态，导致服务能力严重浪费。如果能提前预知服务能力，则可以通过提高系统效率来降低资源消耗，减少人力和物力的投入，从而提升服务质量，达到最大化利用图书馆资源的目的。针对这一现状，智慧图书馆可以设置一些论坛、讲坛等灵活多变的单元模块，在处于非满负荷状态下的时候，指派一部分馆员从事其他的工作或者去轮流进修，为服务能力的进一步提升打下重要的基础。

四、高校智慧图书馆服务质量提升保障措施

（一）建立科学的用户满意度评价体系

用户满意度是智慧图书馆用户评价服务质量最为直接的指标，通常情况下，测评值可以充分反映出智慧图书馆服务过程中存在的一系列问题。

智慧图书馆具有数字化的特征，高校智慧图书馆应该依据该特征，积极构建满意度评价模型，这种模型应该减少与传统服务面对面的有关的因素，并增设和网络有关的调查维度，如数字设施、界面友好等，并且设计最终的调查方式。

评价体系的设计需面向高校应用的环境，主要包括两个部分，即评价周期和评价模型。在设置评价模型的时候，以最近满意度调查为主线，在调查维度上集中考察对用户满意度最具影响力的要素，着重分析了在不同情况下，对不同使用者所产生的影响和效果。评价周期是根据实际情况设定一个时间间隔，通过问卷收集数据，并建立数学模型来确定该时间段内使用系统的总人数，最终得出对系统整体的满意程度。根据高校特点，对不同背景下用户需求变化进行深入的分析。综合评价模型的分析和评价周期的特征，建立综合评价体系，以及借助年度用户满意度调查，做到评价体系动态调整。满意度调查在相对固定的时间当中，除了需要考虑用户的需求特点，还应考虑校园内人员流动的特征，如学期末、学年末等。根据高校发展阶段及用户特征进行指标设置。另外，应该指出的是任何评价方法都不能综合评价服务质量的优劣，一种方法通常只能评估一个级别，所以在充分保证调查有效性和全面性的同时，也能够根据不同服务项目，开展某种特定的具体调查。满意度调查结束之后，高校智慧图书馆应该充分利用寒暑假，整改影响满意度的诸多因素，争取在学生开学前完成图书馆的整改措施，并且在接下来的学习周期内开展全新的满意度评估，以期达到服务质量持续改进的目的。

(二)制定科学的绩效考核体系

绩效考核作为工具和手段,可以有效调动馆员工作的积极性和主动性,并快速提升馆员的工作效率,同时它也是推动激励效果发挥的一个重要途径。所以,智慧图书馆发展的关键是发挥绩效考核激励作用,制定科学、合理的考核方法。在具体的应用过程中,可以采用目标导向法、关键绩效指标法以及平衡记分卡等多种绩效考核方法相结合的方式来进行。从智慧图书馆工作的本质出发,以提高评估准确性、增强及时性、凸显激励效果,考核馆员应选择两个考评周期,即学期考评与年度考评。

需要注意的是,在不同的周期当中,所要评价的指标要有一定的改变,侧重点有所不同。高校智慧图书馆馆员的标准相比传统图书馆要更高,因此应该将人际交往能力、沟通能力等纳入考核体系。能力指标的反应时间长,并不会立即显现出来,但馆员完成任务的数量和工作时间等都能马上显示出来,所以考核评定时,对年度和学期考核与能力考核,应设置不同考核指标,全面挖掘每个人的能力和才能,对馆员绩效进行精准的考核。另外,各部门可开展较短期的考核工作,以便于使绩效考核更具有实时性,减少在服务过程中对问题反馈的时间,从根本上改善、优化和提升服务质量。

(三)完善薪酬激励机制

1. 规范津贴制度

随着时代和信息技术的发展,信息技术在各个领域都得到了广泛的应用。图书馆作为信息传播的重要场所,其信息化建设是社会发展和进步的必然趋势。智慧图书馆馆员与传统图书馆馆员工作相比较,脑力需求较高,属复杂脑力劳动范围,不仅对馆员知识水平有较高的要求,对他们的各项素质也有很高的要求,所以智慧图书馆馆员薪资待遇应适度高于一般体力劳动者。

津贴对于建构馆员合理的薪酬结构具有十分重要的意义,明确馆员薪酬结构的定位,能够解决智慧图书馆馆员薪酬结构的不合理问题,有效改善薪酬分配中的不公平情况,既增强薪酬结构规范性,又提高和改善薪酬的均衡水平。针对部分职位存在工作强度大、时间长等状况,在综合考虑之后建立科学、合理的津贴制度，真正做到有规可循和有理可依，使全体馆员对津贴发放的认可程度得到相应的提升，最大限度地减少津贴额度不一致造成的不利影响。

2. 建立绩效工资制度

馆员绩效考核，就是图书馆根据馆员管理的约束性文件，考核与评价馆员多个方面的方法，其中考核、评价的方面包括馆员的工作能力、服务态度等，最基本的目的就是调动和提高馆员工作的积极性和效率，更好地为用户服务。绩效工资增加了薪酬动态性，推动了馆员和馆员间的竞争，增加馆员压力的同时，也产生了动力，根据具体条件，逐步调整绩效工资占整体工资的比重，使绩效工资成为工资的一个重要影响因素，调动馆员提高自身服务水平的积极性，达到全面提升智慧图书馆服务质量的最终目标。

因此，绩效工资考核应该充分依据各岗位工作的性质、强度等因素的不同，更加有针对性地制定考核指标，让每一位馆员都能清楚地认识到工作范围与内容，并在学期初刚开始工作的时候，就对其有十分明确的了解，朝着设定的目标前进。绩效考核结果也要通过各种方式进行反馈，包括组织内部员工之间的相互交流以及外部专家的评价等。除此之外，根据馆员在日常工作中可能收到的临时工作安排，建立机动考核制度，增强馆员工作能动性。

3. 建立福利制度

福利制度在馆员薪酬制度中占有举足轻重的地位，是激励和调动馆员积极性的一个重要途径。对于馆员而言，福利制度是一种额外的收入，无论是对他们的物质生活，还是对他们的精神生活，均起着有效的激励作用。提高馆员福利待遇，并当他们身体处于不方便工作状态的时候，如生病等，为他们提供帮助，使馆员在感受到温暖的同时增强工作的积极性，同时减轻患者家属的经济负担和精神压力。节假日拟定福利待遇方案，不管提供何种方式的福利待遇，均可起到激励作用。工作当中，如各种因素（环境、时间等）给馆员在工作的过程当中带来不便，均应以福利形式补偿馆员，从而调动他们工作的积极性。

第八章 结论与展望

高校全面实施图书馆智慧化建设,给高校图书馆创新发展带来挑战的同时,也会带来全新发展机遇。本章为结论与展望,包括高校智慧图书馆发展前景及未来高校图书馆模式。

第一节 高校智慧图书馆发展前景

尽管现阶段智慧图书馆的建设困难重重,但随着技术的跨越式发展,高校智慧图书馆必将展现出广阔的发展前景。

一、图书馆交互维度增加

高校智慧图书馆借助先进的物联网技术,能设置更加丰富的信息功能,将知识与知识之间巧妙地连接起来,同时实现空间、服务以及信息资源和用户的无缝连接,使图书馆的文献资源、服务功能等组成可沟通的模式。物联网技术还具有一定的感知功能,它能够将自动发送消息的芯片植入书籍当中,使图书自身具有数字化和智能化的功能,可以在多个方面作简单的自我表达,如信息、内容等,并且它能有效地加强图书馆和用户间的内在联系,从而在全新的交互方式下,实现用户独立获取信息的传统模式向主动式模式升级,智能式信息推送与服务引导等。通过对物联网新技术的研究和灵活运用,以及全新标准的制定和推广,未来高校智慧图书馆的发展不仅会更具个性化,还将更加智能化,以及将物联网技术灵活运用于图书馆的各个服务场景。

读者走进图书馆后,图书馆可将欢迎信息发送到读者手机上;在图书馆服务当中,图书馆智能管理系统能够实时掌握各阅览室及书架的情况,并根据不同时间段的需求自动调整座位;用户在寻找图书的过程中,图书馆智能管理系统能够对读者的信息进行深入分析，如借阅记录等，在读者手机上推送符合读者需求的资讯；如果读者想要借还书，也可直接向图书馆管理员查询借出书记录和归还书记录；如果读者对推荐的馆藏感兴趣，图书馆智能管理系统能通过向手机发送指引，让读者前往推荐书籍所在架位，还可向管理员查询该藏书的详细信息及位置信息等；读者如需预约位子，可通过手机预约和告知，在指定座位上感应手机或者借阅证后方可使用；当图书馆管理员发现有不符合要求的藏书时，也能及时向用户发出警告提示；此外，高校智慧图书馆还具有信息推送、智能检索等功能。在今后的发展过程中，高校智慧图书馆的交互维度将越来越多，同时也会逐渐优化和完善，给用户带来更高质量的交互服务。

二、构建信息与知识空间体系

当前，无论是高校智慧图书馆的开发，还是应用，都是借助物联网技术来完成的，以后的发展会将各种先进的技术融合在一起，如电脑系统、信息服务终端等，在智慧化和数字化服务的前提下，建构信息体系和知识体系更多样的有序图书空间。

未来高校智慧图书馆既重视知识体系和知识架构的编著，又强调信息的发布与传播，可使读者灵活使用传感器提取图书信息中的数据、语义等，全面搭建宏观的知识服务体系架构，为读者知识的提取和理解提供相对应的微观服务。高校智慧图书馆伴随着科技的持续优化与改进，将逐步进入一个动态的知识组织体系，同时通过多样化的类型和结构，整理各种信息资料和知识，从而有效确保知识和信息的可重复应用。

三、优化知识资源层次与服务

随着国家对智慧图书馆建设的重视，以及信息技术的发展，未来高校智慧图书馆将以技术为基础，同时以政策为支撑，一方面能够给用户带来更多高端的知识资源服务功能，另一方面能够实现文献与文献之间的高效连接，既具有强大的数据采集功能，又具有一定的数据分析功能，让高校智慧图书馆的管理变得更加高效、便利，方便用户获取资源。

未来高校智慧图书馆在信息技术的影响下，将拥有智能化的读者服务功能、用户管理功能以及文献采访功能，图书馆工作人员的整体工作也会变得更加轻松和准确，效率得到大幅度的提升和完善。此外，高校智慧图书馆将能够自动化抽取资源信息，以及对抽取的资源信息进行自动化分析，使读者在读书时提出的问题得到有效的解决。因此，智慧图书馆是一种全新的图书馆理念和管理方式。未来高校智慧图书馆势必具有较高程度的整合功能，以及强大的资源获取功能，并且在资源开发利用方面采用智慧化模式，提供更高质量的资源服务。

第二节 未来高校图书馆模式

一提到传统图书馆，人们立刻就会联想到一座大楼里面一排排整齐地摆放着印刷型书刊的书架，而数字图书馆则给人一种比较抽象、模糊的印象。其实，这恰恰说明人们的观念、心理及习惯方式都还没有跟上瞬息万变的信息时代的步伐。

一、建筑格局模式

随着信息技术的发展，未来的高校图书馆将会是传统图书馆和数字图书馆两者的结合。高校图书馆的建筑设计会淋漓尽致地将现代理念体现出来，占地面积会不断增大，并且建筑整体外观设计也会纳入校园景观规划之中，成为校园人文景观之一，从而最终达到美化校园的良好效果。例如，北京大学图书馆新馆的建筑设计，锐意创新，层次分明，错落有致，建筑设计构思巧妙，与校园周围景观浑然一体，既具有现代图书馆建筑特色，又与原有校园建筑风格实现了和谐统一。

今后，高校图书馆将把"读者为本，服务至上"作为核心服务理念，既重视读者的不同需求，又重视他们的感受。所以，高校图书馆的内部空间结构一定要科学、合理，做到藏书流、读者流和内部工作人员合理流向，创造一体化空间。

二、读者服务模式

随着图书馆领域的不断发展，读者服务工作逐渐形成了"以读者为中心"的思想与理念，其核心是要实现对读者需求信息的有效供给，并提供给他们满意的知识产品或智力成果。现代图书馆以藏书作为主要元素，同时也是重要的物质基础。在现代信息技术蓬勃发展的背景下，拓展传统馆藏内涵，引进丰富的外部虚拟馆藏，图书馆除了需要对馆藏发展方向进行再定位，还应该对读者服务模式进行重新定位。与此同时，高校图书馆还应该将工作重点与主要目标，转向如何利用网络获取信息资源，以及充分满足不同读者的实际信息需求。图书馆在构建读者服务模式的时候，一定要将全心全意为读者服务作为最高的宗旨，逐渐将工作的立脚点转到读者身上。积极改变以往被动服务的观念，从而最终确立"服务就是目标""主要面向读者"的主动服务理念。

读者服务对象将由"校园读者"，扩展和延伸到"社会读者"。在新形势下，图书馆想要快速适应社会的要求，就必须转变观念，更新服务内容，创新服务方式。众所周知，传统图书馆有其特定的服务对象，以及比较稳定的读者群，老师和学生就是高校图书馆最大且稳定的读者群。

随电子计算机技术、现代通信技术以及网络技术的快速发展，今后的高校图书馆在其深入影响下，彼此间的严格界限会逐渐被打破。高校图书馆要适应这种变化，必须改变过去封闭式办馆模式，把更多的时间和精力放在为学校师生提供优质服务上，努力拓展服务领域，使之成为一个多功能、多层次、全方位的综合性服务体系。未来的高校图书馆是以电子计算机、通信网络为纽带的图书馆的集合，在网络化文献信息交流系统当中，每个图书馆就是一个区域、全国甚至全球信息网络中的节点，每个加入网络的组织或个人，均可在网络系统中任意使用图书馆文献信息资源。所以，未来的高校图书馆，其读者群会更广泛，不仅包括校园读者，还包括社会读者，由此可见未来高校图书馆将肩负更大的社会责任，发挥更大的社会服务功能。

在信息技术的影响下，未来读者服务将由"传统馆藏的供给"逐渐扩展到"电子信息资源存取"。电子信息资源在现代图书馆中占有重要地位。印刷型文献资料是传统图书馆的主要馆藏。随着信息技术的发展，电子文献逐渐进入了人们的视野，并在社会经济生活中发挥着越来越大的作用。大量联机数据库出现的同时，电子出版物以及图书馆传统印刷本馆藏的数字化转换，将使电子信息资源在今后图书馆信息资源中占主要地位。图书馆的读者服务内容在这种情况下，亦会逐渐从提供印刷本馆藏扩展到电子信息资源存取领域。

读者服务重心由"普通借阅咨询服务"转向"信息咨询服务"。随着社会经济发展以及人们对知识需求的不断增长，图书馆应在现有基础上开展新的服务项目以适应这一变化。外借阅览服务和参考咨询服务是传统图书馆为读者提供的两种主要服务。在现代信息技术飞速发展的今天，高校图书馆应充分利用现代信息技术，积极开展读者服务。随着信息技术的发展，未来高校图书馆虽然不仅能提供信息资源服务，还能提供传统的印刷本文献服务，但是读者服务的重心则会转向依靠信息资源开展信息咨询服务。

信息咨询服务需要图书馆的咨询人员，从多个方面为不同读者提供引导服务、定向专题服务以及联机实时帮助服务，如信息整合、检索等。随着时代的发展，在今后高校图书馆的读者服务当中，信息咨询将成为重头戏，从某种意义上来说它开辟了图书馆读者服务的新层面，与此同时也要求图书馆咨询工作人员在业务方面有更高的能力水平，所以将对他们提出更高的要求。

三、馆员知识和能力模式

随着现代科学技术的飞速发展，以及信息产业的蓬勃发展，在以上两个方面的深入影响下，数字图书馆产生了。在信息服务中，图书馆作为最主要的角色，一定会积极主动地向社会提供战略性和综合性的优质信息服务。这就要求图书馆馆员不仅要有丰富的专业知识和技能，还要具备良好的职业道德和较高的素质，如此才能更好地发挥其职能，满足读者日益增长的需求。所以，馆员已不是过去传统的图书管理员，而是成为全新的角色，具体而言就是"知识创造者"和"知识导航员"。

随着时代的发展和科技的进步，"知识创造者"在未来一定是有科研能力、创新意识较强的专门人才。因此，高校图书馆工作人员在从事教学科研活动时必须具备较强的创新能力，可以全面深加工图书馆中各类文献信息资源，同时对已有文献信息资源进行二次或者三次的开发，即产生新的知识信息并加以合理运用，给不同读者提供更高层次的优质服务。未来数字图书馆的内涵，很大程度上依赖信息工作者的持续性创建，因此图书馆工作人员还必须具备文献数字化能力。图书馆不仅是一个收藏文献资料的地方,更是一座知识宝库。图书馆工作人员既是导航员,更是数字化建设者。随着知识经济时代的到来,图书馆将向网络化方向发展,这又离不开高素质的专业技术人才队伍,所以高校图书馆非常有必要将层次高、知识面宽以及专业对口的高素质人才引入其中,从而让馆员队伍整体素质得到快速的提升与发展。

随着信息时代的发展,"知识导航员"必须满足复合型优秀人才的要求,一方面,不仅了解国际和经济的各项法规,还要精通外语;另一方面,既熟悉现代信息技术,又了解图书情报专业。在信息社会中,图书资料管理人员已由过去单一地保管文献,转变为全方位服务于读者和用户的新型职业。随着信息时代的到来和计算机在各个领域的广泛应用,图书馆馆员也应该确保素质与时俱进,不断地提高自己的综合素养。传统的馆员普遍存在学历低、知识结构不尽合理的情况。馆员想要发挥和扮演新的作用与角色就得"充电",通过参加各种形式的学习提高自身素质。除此之外,高校应对现有工作人员开展继续教育与培训,对他们知识、能力的结构进行更新,让他们除了具有计算机操作技能,还具备一定的信息分类技能、获取与组织知识的技能等。

参考文献

[1] 刘瑞琨,马燕,王贤云:《现代图书馆管理与阅读推广服务》,宁夏人民出版社 2020 年版。

[2] 李明:《高校图书馆阅读推广研究》,朝华出版社 2019 年版。

[3] 刘艳红:《图书馆创新服务:理论与案例》,甘肃人民出版社 2018 年版。

[4] 黄如花,司莉,吴丹:《图书馆学研究进展》武汉大学出版社 2017 年版。

[5] 董媛媛:《数字图书馆著作权问题研究》,三秦出版社 2017 年版。

[6] 李桂华:《图书馆服务制度设计创新》,四川大学出版社 2014 年版。

[7] 吴海峰:《大学图书馆阅读文化的多视角研究》,大象出版社 2014 年版。

[8] 韩丽:《高校图书馆学科化服务的实践发展》,云南大学出版社 2014 年版。

[9] 严栋:《智慧图书馆概论》,辽宁师范大学出版社 2021 年版。

[10] 张海波:《智慧图书馆技术及应用》,河北科学技术出版社 2020 年版。

[11] 初景利,段美珍:《智慧图书馆与智慧服务》,《图书馆建设》2018 年第 4 期。

[12] 王颖纯,贺新乾,刘燕权:《图书馆智慧服务模式推进路径研究》,《图书馆工作与研究》2018 年第 1 期。

[13] 尹克勤,张立新:《基于智慧图书馆的高校图书馆读者服务模式研究》,《图书馆工作与研究》2017 年第 9 期。

[14] 饶权:《全国智慧图书馆体系:开启图书馆智慧化转型新篇章》,《中国图书馆学报》2021 年第 1 期。

[15] 刘炜,陈晨,张磊:《5G 与智慧图书馆建设》,《中国图书馆学报》2019 年第 5 期。

[16] 曾子明,宋扬扬:《面向读者的智慧图书馆嵌入式知识服务探析》,《图书馆》2017 年第 3 期。

[17] 王文韬,谢阳群,李力:《虚拟现实技术在图书馆中的应用前景分析》,《图书馆》2016 年第 5 期。

[18] 曾子明,陈贝贝:《融合情境的智慧图书馆个性化服务研究》,《图书馆论坛》2016 第 2 期。

[19] 孙利芳,乌恩,刘伊敏:《再论智慧图书馆定义》,《图书馆工作与研究》2015 年第 8 期。

[20] 储节旺,李安:《智慧图书馆的建设及其对技术和馆员的要求》,《图书情报工作》2015 年第 15 期。

[21] 吴斯佳:《大连市高校图书馆智慧服务现状及发展策略研究》,大连外国语大学 2021 年硕士学位论文。

[22] 刘瑶:《高校图书馆智慧转型中的管理问题研究》,山东大学 2019 年硕士学位论文。

[23] 陈远方:《智慧图书馆知识服务延伸情境建构研究》,吉林大学 2018 年博士学位论文。

[24] 李琼:《中外智慧图书馆的发展比较研究》,山西大学 2018 年硕士学位论文。

[25] 石百仟:《基于射频识别的智慧图书馆管理系统》,吉林大学 2017 年硕士学位论文。

[26] 郭晓柯:《我国智慧图书馆建设研究》,郑州大学 2016 年硕士学位论文。

[27] 郑怿昕:《智慧图书馆环境下馆员核心能力研究——以高校图书馆为例》,南京农业大学 2015 年硕士学位论文。

[28] 郭素君:《高校智慧图书馆信息服务系统设计与实现》,河北农业大学 2015 年硕士学位论文。

[29] 陈巧玲:《智慧时代国内高校图书馆服务创新研究》,福建师范大学 2014 年硕士学位论文。

[30] 裴嫣珺:《高校图书馆智慧信息服务模式初探——以上海第二工业大学图书馆为例》,华东师范大学 2011 年硕士学位论文。